Le Grand Cahier (Ágota Kristóf / János Szász).
Minimalismus, Verdoppelung und Synchronie in der Literatur und ihrer Verfilmung.

Wissenschaftliche Abschlussarbeit

zur Erlangung des Staatsexamens

im Fach Romanische Philologie (Französisch)

Albert-Ludwig-Universität Freiburg im Breisgau

Philologische Fakultät

Romanisches Seminar

vorgelegt von

Amena Dörflinger

Matrikelnummer 1824077

Wintersemester 2014 / 2015

Wissenschaftliche Betreuerin: Dr. Eva Erdmann

ISBN: 978-83-957713-1-6
https://doi.org/10.2478/9788395771323

Inhaltsverzeichnis

1 Einleitung 1

2 Minimalismus in Ágota Kristófs Roman *Le Grand Cahier* 4

    2.1 Die Bedeutung der Immigration in Bezug auf Kristófs minimalistischen Sprachstil - ein Verlust der Heimat, Identität und Sprache 5

    2.2 Minimalistische Überschriften: Die Rolle der Titel hinsichtlich Le Grand Cahier 7

        2.2.1 Stilistische Minimalismen anhand der Verwendung von Eigennamen und die Bedeutung des Artikels 8

        2.2.2 Handlungsorientierte Minimalismen 10

        2.2.3 Die Rolle des Märchens als struktureller Minimalismus 11

        2.2.4 Possessivpronomen als minimalistischer Ausdruck und dessen christliche Deutung 13

    2.3 Minimalistischer Schreibstil 15

    2.4 Minimalismus als direkter Ausdruck von Gewalt 17

        2.4.1 Die minimalistische Darstellung der Übungen zur Abhärtung als Konsequenz der Erfahrungen 20

        2.4.2 Die Rolle des Krieges - ein Trauma wird minimalistisch wiedergegeben 21

3 Verdoppelung und Synchronie 21

    3.1 Sprachliche Verdoppelungen einer synchronen Sicht 23

        3.1.1 Syntagmatische Verdoppelungen aus synchroner Perspektive 24

        3.1.2 Gegensätzliche Verdoppelung als synchrone Dichotomien 24

    3.3 Körperliche Synchronität und körperliche Verdoppelung 27

    3.4 Höflichkeitsform und Plural als synchrone Verdoppelung und die Rolle der Erwachsenen in Bezug auf die Kinder 28

    3.5 Die bildliche Verdoppelung und die Synchronie der Bilder 30

    3.6 Verdoppelung und Synchronie als notwendige Reaktion auf Einsamkeit und Kindheitserinnerung 32

4 János Szászs Verfilmung des Romans *Le Grand Cahier* 35

    4.1 Minimalismus im Film 36

        4.1.1 Minimalistische Filmsprache hinsichtlich Verdoppelung und Synchronie ... 38

    4.2 Das Zusammenwirken von Minimalismus, Verdoppelung und Synchronie 40

    4.3 Effekte des Lichts und der Beleuchtung 45

    4.4 Die verschiedenen Kameraeinstellungen 47

    4.6 Auditive Effekte im Film 49

5 Fazit 51

6 Literaturverzeichnis 53

1 Einleitung

In *Le Grand Cahier* wird die Kindheit eines identischen Brüderpaars, welches von seinen Eltern getrennt, in einer fremden Umgebung den brutalen Gewalttätigkeiten des Krieges ausgesetzt ist, aufgeschrieben.

Die Autorin, Ágota Kristóf, geboren 1935 in Ungarn, verarbeitete in diesem Roman ihre eigene Kindheit. Nach der Niederschlagung des Volksaufstandes besetzte die sowjetische Armee 1956 Ungarn und die junge Mutter flüchtete mit ihrer wenige Monate alten Tochter über Österreich in die französischsprachige Schweiz. Kristóf arbeitete dort in einer Uhrenfabrik und lernte Schritt für Schritt die französische Sprache. Sie schreibt in der Zeit Gedichte, Theaterstücke, Hörspiele und Romane in der neuen Sprache, denn der Drang zum Schreiben ist für sie notwendig und muss in Französisch erfolgen, sonst „hätte es in der Schweiz ja kaum jemand lesen können" (Buchser 2008), wie sie selbst rückblickend in einem Interview im Jahre 2008 feststellt.

Eindrücklich ist dieser Prozess der Aneignung, der Mitteilung und der Selbstfindung in ihrem in französischer Sprache geschriebenen Gedicht *Vivre.* (2007) abzulesen. Es besteht aus Infinitiven, beginnt mit dem Verb „Naître", ist in sieben Absätze unterteilt, zwischen denen jeweils das Verb „Aimer" steht. Jeder dieser Absätze besteht wiederum aus ein, zwei oder drei Zeilen, die am Zeilenanfang großgeschrieben werden, das Gedicht endet mit „Mourir." Der Abschnitt, welcher für die Kindheit relevant ist und daher auch auf *Le Grand Cahier* bezogen werden kann, besteht aus zwei Zeilen und lautet: „Apprendre écrire lire compter Se battre mentir voler tuer" (Verein zur Förderung des schweizerischen Literaturarchivs). Er gibt den Inhalt des Romans wie im Telegrammstil wieder und reflektiert Kristófs Lernen und Schreiben in einer Fremdsprache. Ihre eigenen Kinder wachsen in der Romandie auf und sprechen Französisch als Muttersprache, während ihre Mutter diese Sprache nie vollkommen beherrscht. Die Einsamkeit, die die Emigration mit sich bringt, schottet sie sprachlich und sozial ab und führt dazu, dass sie sich mühsam einen Schreibstil aneignet, der in der Wahl der Worte überdacht und ausgefeilt ist und kein Wort zu viel auftauchen lässt. Außerdem zieht die gefühlte Isolation nach sich, dass Kristóf ihre Kindheit als Thematik im Roman *Le Grand Cahier* immer wieder aufgreift, den Handlungsort in ihre alte Heimat setzt und ihre Protagonisten verdoppelt. Sie stammt aus einer Generation, die den Krieg miterlebt hat und aus einem Land, das von fremden Soldaten besetzt worden ist.

Das zwingt sie ihre Heimat zu verlassen und im Exil ein neues Leben in einer fremden Umgebung und in einer fremden Sprache aufzubauen.

Viele Schriftsteller ihrer Generation haben einen ähnlichen kulturellen und geschichtlichen Hintergrund. Sie waren gezwungen ihr Schreiben im Exil fortzuführen und in einer für sie fremden, angelernten Sprache ihren Ausdruck zu finden, zum Beispiel Samuel Beckett oder Eugène Ionesco. Beide Schriftstellerkollegen schreiben, wie sie selbst, in der französischen Sprache und ihre Schreibweise ist u. a. durch das Schreiben in der Fremdsprache von Minimalismen geprägt. Die Erfahrung des Zweiten Weltkriegs, der diese Generation prägt, unterstreicht ihre minimalistische Ausdrucksweise zusätzlich, indem die Thematik ihrer Werke von roher Gewalt, abgehärteter Emotionslosigkeit und Entwurzelung handelt, sich bis auf Verstummen und Stille reduziert oder im Absurden endet.

In dieser Arbeit gilt es die Vielzahl der in Ágota Kristófs Roman *Le Grand Cahier* verwendeten Minimalismen aufzuzeigen, zu deuten und ihre Wirkung und Funktion im Roman darzulegen. Unterschiedliche und vielfältige Interpretationsmöglichkeiten sollen dabei sowohl stilistisch als auch literarisch aufgedeckt werden. Zunächst wird die Bedeutung ihrer Immigration, der Verlust ihrer Heimat und Identität sowie die Rolle ihrer Kindheit in Bezug auf Kristófs minimalistische Sprache belegt. Anhand der minimalistischen Überschriften der Kapitel in *Le Grand Cahier* wird die Rolle der Titel in Bezug auf Ágota Kristófs Text verdeutlicht. Die stilistischen Minimalismen durch die Verwendung von Eigennamen und die Bedeutung des Artikels werden veranschaulicht. Es werden handlungsorientierte Minimalismen, die Rolle des Märchens als struktureller Minimalismus, der Gebrauch von Possessivpronomen als minimalistischer Ausdruck sowie deren mögliche christliche Deutung aufgedeckt. Der Minimalismus als literarische Konsequenz und direkter Ausdruck von Gewalt wird in der minimalistischen Darstellung der Übungen zur Abhärtung beschrieben. Die Rolle des Krieges führt schließlich dazu, dass ein Trauma minimalistisch wiedergegeben wird.

Das minimalistische Schreiben der Autorin wird gleichgesetzt mit dem Schreiben ihrer Protagonisten, beides wird in ihrem Werk genau definiert. Diese Synchronie zieht sich ganzheitlich durch ihren Roman und spiegelt sich vielfach in Thematik, Stil und Struktur wider. Das Gefangensein in zwei Kulturen und Sprachen, die unvollständige Orientierung in der neuen Kultur und die Erinnerung an ihr Leben und Aufwachsen in einer Welt, die sie verlassen musste, führen zu den poetischen Techniken der Verdoppelung und Synchronie, welche ebenfalls grundlegende Kennzeichen des literarischen Schaffens Ágota Kristófs sind. Die Identifizierung und Deutung von Verdopplungen und Synchronie in *Le Grand Cahier* erweitern und vertiefen die Wirkung und Aussage des Romans. Nach einer kurzen Definition der Begrifflichkeiten werden im zweiten Teil des Hauptteils dieser Arbeit zunächst die sprachlichen Verdoppelungen einer synchronen Sicht aufgezeigt und gedeutet. Die syntagmatischen Verdoppelungen aus synchroner Perspektive und die gegensätzliche Verdoppelung als synchrone Dichotomie verweisen auf Widersprüchlichkeit, Zusammengehörigkeit und Kontrast, was belegt werden soll. Körperliche Synchronität und körperliche Verdoppelung, die Verwendung von Höflichkeitsform und Plural als synchrone Verdoppelung und die Rolle der Erwachsenen in Bezug auf die Kinder zeigen auf, in welchem Spannungsverhältnis die Identitätsbildung steht. Die bildliche Verdoppelung und die Synchronie der Bilder belegen die Vielschichtigkeit in *Le Grand Cahier* und unterstreichen wiederum die Bedeutung des verwendeten Minimalismus.

Kristófs Roman *Le Grand Cahier* wurde in mehr als 35 Sprachen übersetzt, denn ihr minimalistischer Stil reduziert das Vokabular und führt zu einer einfachen kurzgehaltenen Struktur der Wörter, Sätze, Absätze und Kapitel. Der Roman enthält viele kurze Dialoge in direkter Rede. Dies begünstigt eine filmische Übertragung des Buchs. Ágota Kristóf schreibt zudem Theaterstücke und Hörspiele und adressiert sich damit nicht nur an den Leser. Aufgrund der Übersetzungen von *Le Grand Cahier* wurde die Geschichte der Zwillinge, der Identitätsfindung und des Kriegs überregional bekannt und wurde im Jahr 2013 vom ungarischen Regisseur János Szász unter dem gleichen Titel, jedoch in der kulturell ursprünglichen Sprache Kristófs, dem Ungarischen, verfilmt. Der Roman ist Basis für den Film und spiegelt die gleichen Themen Einsamkeit und Exil, Identitätsfindung im Zeichen von Gewalt und Krieg und kulturelle und sprachliche Findung wider. Der Film versucht Kristófs minimalistischen Stil und poetischen Techniken zu übernehmen und in filmische Techniken zu übertragen. Die Adaption des Romans als Film, noch dazu ausgeführt in ungarischer Regie und Sprache, stellt jedoch in sich schon eine Verdoppelung des großen Heftes[1] dar.

---

1 Das große Heft im Film ist synchron zu seinem Medium als Zusammenstellung animierter Fotokollagen auf einzelnen durchblätternden Seiten dargestellt oder taucht als Daumenkino auf.

> „Werden in diesem Schiff nach und nach alle Planken durch neue ersetzt, dann ist es numerisch dasselbe Schiff geblieben; hätte aber jemand die herausgenommenen alten Planken aufbewahrt und sie schließlich sämtlich in gleicher Richtung wieder zusammengefügt und aus ihnen ein Schiff gebaut, so wäre ohne Zweifel auch dieses Schiff numerisch dasselbe Schiff wie das ursprüngliche. Wir hätten dann zwei numerisch identische Schiffe, was absurd ist."
> (Hobbes 1949: 1655)

Dem Regisseur ist es sehr wichtig so nah wie möglich an seiner Romanvorlage zu bleiben. Während der Entstehung des Drehbuches stellt er fest, dass „man sich ab einem bestimmten Moment der Adaption vom Roman, von der Originalvorlage lösen muss […], dass der Film etwas Anderes, etwas Neues sein würde" (Interview Szász). Dennoch greift er immer wieder auf die Originalvorlage zurück und versucht genau wiederzugeben was Kristóf beabsichtigte auszudrücken. Leider starb Kristóf „am 27. Juli 2011 in Neuchâtel" (Interview Szász) und konnte die anfängliche Produktion der Verfilmung ihres Romans noch miterleben, jedoch nicht die Fertigstellung.

Auch im Film werden die Techniken des Minimalismus, der Verdoppelung und Synchronität aufgegriffen und umgesetzt. Diese sollen im dritten Teil dieser Arbeit aufgezeigt, gedeutet und in Bezug zur Literaturvorlage gesetzt werden. Ausgehend von der Sprache als Transportmedium zwischen Romanvorlage und Film soll zunächst die minimalistische Filmsprache untersucht werden. Danach werden filmische Mittel untersucht, wie Musik, Licht, Kameraeinstellung, denn sie erweitern, fokussieren, reduzieren und verstärken Perspektiven, Wirkungen und Aussagen im Film im Vergleich zum literarischen Original. Meist aus der Perspektive der Kinder gefilmt zeigt der Film beispielsweise oft nur einen Ausschnitt des Ganzen, eine reduzierte Sicht. Die Betrachtung der Figuren und ihres Schauspiels führen die filmische Umsetzung schließlich wieder zurück zu Sprache und Handlung.

2 Minimalismus in Ágota Kristófs Roman *Le Grand Cahier*

Wenn eine Definition von Minimalismus aufgestellt wird, so fallen oft die zwei englischen in sich selbst minimalistisch gehaltenen Phrasen „Less is more" (Grob 2009: 10) und „Form follows function" (Kruse 2005: 99) um den Begriff zu umschreiben. Diese Aussagen treffen auch auf Ágota Kristófs Roman *Le Grand Cahier* und János Szász gleichnamige Verfilmung zu, denn beide sind in ihrer Sprache, ihrer Form und ihren filmischen und poetischen Techniken auffallend minimalistisch.

Ágota Kristófs Roman umfasst 62 Kapitel auf lediglich 177 Seiten. Die meist nur zwei bis drei Seiten langen Kapitel sind in sich kurz gehalten und auf ein Minimum in Stil, Inhalt, Form und Handlung reduziert. Der gleichnamige Film reduziert die Kameraeinstellungen, Beleuchtung und Dialoge und versucht damit Stil und Techniken des Romans zu übertragen.

2.1 Die Bedeutung der Immigration in Bezug auf Kristófs minimalistischen Sprachstil - ein Verlust der Heimat, Identität und Sprache

Le Grand Cahier ist der erste Roman, den die Schriftstellerin veröffentlichte und mit ihm „gelang ihr der große Durchbruch erst 1986, in ihrem 51. Lebensjahr" (Zimmer 2007: 387). Die in Ungarn aufgewachsene Autorin flüchtete als junge Erwachsene aus ihrem Land und emigrierte in die französischsprachige Schweiz. Ihre Autobiographie hat sie in einer 75 Seiten langen Erzählung unter dem Titel *Die Analphabetin* im Jahre 2004 publiziert. Viele ihrer Erlebnisse finden sich in ihrem ersten Roman *Le Grand Cahier* wieder und sie verarbeitete damit nicht nur ihre Kindheit während des Zweiten Weltkrieges: „Ich bin vier Jahre alt. Der Krieg hat gerade angefangen. Wir wohnen zu jener Zeit in einem kleinen Dorf, das keinen Bahnhof und weder Elektrizität noch fließendes Wasser, noch Telefon hat" (Kristóf 2004: 7). Die Protagonisten ihres Romans müssen zwar ein paar Jahre älter sein, doch der Handlungsort und die Kriegsumstände sind deutlich wiederzuerkennen. Ihre Jugend im sozialistisch geprägten Osteuropa, die Wechsel der Machthaber und das damit verbundenen Aufzwängen einer Sprache prägten ihre Einstellung zu Fremdsprachen. Dies zeigt sich in ihrem Roman in den Figuren der fremden Soldaten und der Großmutter und spiegelt sich auch in der Beziehung der Protagonisten zur Mutter sowie zur Großmutter und in der Beziehung zwischen den Müttern untereinander wider:

> „Als ich neun Jahre alt war, zogen wir um. Wir wohnten dann in einer Grenzstadt, in der mindestens ein Viertel der Bevölkerung Deutsch sprach. Für uns, die Ungarn, war das eine Feindessprache, denn sie erinnerte an die österreichische Herrschaft, und es war auch die Sprache der fremden Soldaten, die unser Land damals besetzten.
> Ein Jahr später besetzen andere fremde Soldaten unser Land. In den Schulen wurde die russische Sprache Pflicht, andere Fremdsprachen waren verboten. Niemand kann die russische Sprache." (Kristóf 2004: 33)

Ebenso spiegeln sich ihre Flucht, Immigration und Integration in ihre neuen Heimat und die damit zusammenhängende Verluste der Zusammengehörigkeit, Fragen der Identität und Schwierigkeiten der Zugehörigkeit wider. Kristóf lernt und schreibt gleichermaßen wie die Protagonisten ihres Romans mit Hilfe eines Wörterbuches[2] und genau wie sie haben auch ihre beiden Hauptfiguren mit einem Ortswechsel und dem damit verbundenen Zurechtfinden in einer neuen, unbekannten und fremden Umgebung zu kämpfen und genau wie sie flüchtet einer der beiden über die Grenze in ein anderes Land und damit auch in eine andere Sprache.

> „So stehe ich mit einundzwanzig Jahren, bei meiner Ankunft in der Schweiz und ganz zufällig in einer Stadt, in der man Französisch spricht, vor einer mir vollkommen unbekannten Sprache. Hier beginnt mein Kampf um die Eroberung dieser Sprache, ein langer erbitterter Kampf, der mein ganzes Leben andauern wird.
> – Ich spreche Französisch seit über dreißig Jahren, ich schreibe es seit zwanzig Jahren, aber ich kann es immer noch nicht. Ich spreche es nicht fehlerfrei und schreibe es nur mit Hilfe von häufigem Nachschlagen in Wörterbüchern.
> Aus diesem Grund nenne ich auch die französische Sprache eine Feindessprache. Es gibt noch einen anderen Grund, und das ist der schwerer wiegende: diese Sprache tötet allmählich meine Muttersprache." (Kristóf 2004: 34-35)

Der Krieg, die geistige und materielle Armut des sozialistischen Ostens, die Flucht und Immigration in eine neue Heimat und der damit verbundene Sprachenwechsel führen zu Ágota Kristófs einzigartigen minimalistischen Stil. Der größte Einfluss auf ihre minimalistische Schreibweise, die sich in ihrer überdachten, ausgewählt reduzierten Wortwahl und in ihrer Entscheidung für ihren Roman die Form eines direkten, nüchtern Kriegstagebuchs aus Sicht eines identisch erscheinenden Jungenpaars zu wählen, liegt jedoch in ihrem Drang zum notwendigen Schreiben in der übriggebliebenen Feindessprache. Daher kann man feststellen, dass das Schreiben Kristófs in einer Sprache, die sie sich von Grund auf als *Die Analphabetin* neu aneignete und die sie deshalb zwingt sich auf das sprachliche Nötigste mit genauer Korrektheit zu beschränken, dazu führt, dass man von ihrem Schreibstil sagt, dass er „une « expression artificielle »" (Erdmann 2002: 88) ist, denn „[l]a qualité littéraire […] et le style […] ont effectivement à voir avec la langue de l'auteure qui, encore une fois, est d'abord

---

[2] „[L]e grand dictionnaire de notre Père" (Kristof 1986: 9), das die Kinder aus ihrer alten Heimat mitgebracht haben, dient als Symbol für Kristofs Schreiben in der Feindessprache. Es steht im Gegensatz zur Bibel, mit welcher die Kinder ihre geistige Charaktererziehung und ihr moralisches Verhalten bilden und dient der Sprachverbesserung und Korrektur, denn „chacun de nous corrige les fautes d'orthographe de l'autre à l'aide du dictionnaire" (Kristof 1986: 32). Aus „Bible, dictionnaire, papier, crayons e[ntsteh]t le Grand Cahier où tout est écrit" (Kristof 1986: 110-111).

une langue étrangère. Ce succès [...] est un succès de l'étrangeté de la langue" (Erdmann 2002: 88) und somit auch ein sprachlicher Erfolg des literarischen Minimalismus.

2.2 Minimalistische Überschriften: Die Rolle der Titel hinsichtlich *Le Grand Cahier*

Nachdem nun die Gründe und Grundlagen für Kristófs minimalistischen Schreibstil dargelegt worden sind, geht es darum herauszufinden, an Hand welcher Kriterien sich der literarische Minimalismus ihres Romans äußert. Gemäß des Essays *A Few Words About Minimalism* (The New York Times 1986) des nordamerikanischen Schriftstellers John Barth definiert sich literarischer Minimalismus durch bestimmte Minimalismen, die er folgendermaßen festlegt:

> „Old or new, fiction can be minimalist in any or all of several ways. There are minimalisms of unit, form and scale: short words, short sentences and paragraphs, super-short stories, [...] There are minimalisms of style: a stripped-down vocabulary; a stripped-down syntax that avoids periodic sentences, serial predications and complex subordinating constructions; a stripped-down rhetoric that may eschew figurative language altogether; a stripped-down, non-emotive tone. And there are minimalisms of material: minimal characters, minimal exposition [...], minimal mises en scene, minimal action, minimal plot. (Barth 1986)

Literarischer Minimalismus zeigt sich also anhand dieser drei Minimalismen: den Minimalismen der äußeren Form durch kurze Kapitel, Absätze, Sätze und Wörter, den stilistischen Minimalismen durch ein eingeschränktes Vokabular, einfache, kurze Satzkonstruktionen und Syntax, mit rhetorischen und poetischen Reduktionen, wobei kaum oder keine Metaphern, Vergleiche oder lyrischen Ausschweifungen verwendet werden und durch einen emotionslosen Ton und den inhaltlichen, erzähltheoretischen, zur Handlung beitragende Minimalismen mit einer knappen Charakterdarstellungen und der reduzierten Erscheinung der Personen, der Mise en Scène und der Handlung. Diese qualitativen und quantitativen Kriterien der Form, des Stils und des Inhalts gilt es nun aus *Le Grand Cahier* herauszufinden und darzulegen, um dessen minimalistische Züge erkennen zu können und die beabsichtigte Funktion und die daraus resultierende Wirkung des Romans literarisch zu klassifizieren. Dafür wird vorerst vom äußeren Allgemeinen auf das spezifische Detail eingegangen, eine Vorgehensweise, die auch dem Minimalismus so wie Ágota Kristófs Schreibweise eigen ist, denn das, was man als minimalistischen Roman bezeichnen kann, hat seinen Ursprung in Gedichten, Kurzgeschichten und Fragmenten (vgl. hierzu Barth 1986), die viel Luft schaffen und Raum geben, indem sie durch Reduktionen bis hin zu Auslassungen, dem Leser selbst die Möglichkeit zur Erkennung und Fokussierung der Details überlässt und erst dadurch ihre Wirkung erzielen.

Wie zu Beginn erwähnt lässt sich an der äußeren Form Kristófs Romans, der sich auf lediglich 177 Seiten beschränkt, eine erste literarische Minimalisierung erkennen. Der Roman selbst ist abermals in kurze Kapitel eingeteilt, die in sich wiederum durch viele, manchmal nur aus einem Satz bestehende Absätze gekennzeichnet sind. Bereits in den Überschriften der kurzen Kapitel zeigen sich die Kriterien der verschiedenen Minimalismen. Laut dem deutschen Duden bedeutet Minimalismus: „bewusste Beschränkung auf ein Minimum, auf das Nötigste" (Duden 2013).

Als erstes wird nun auf die Bedeutung der Überschriften eingegangen. Minimalisieren heißt reduzieren. Die Titel der Kapitel selbst sind eine Reduktion des darauffolgenden, beschriebenen Inhalts in Form eines oder mehreren Substantiven mit dazugehörigem Artikel, welche sich auf den darin vorkommenden Charakter, Ort, Vorgang, Zu- oder Gegenstand beziehen. Bei 12 Kapiteln ist der Titel sogar auf ein Substantiv ohne dazugehörigen Artikel reduziert. So lauten die Kapitel ohne Artikel: „Grand-Mère" (Kristóf 1986: 14), „Exercice d'endurcissement du corps" (Kristóf 1986: 22), „Exercice d'endurcissement de l'esprit" (Kristóf 1986: 26), „Exercice de mendicité" (Kristóf 1986: 37), „Bec-de-Lièvre" (Kristóf 1986: 39), „Exercice de cécité et de surdité" (Kristóf 1986: 41), „Exercice de jeûne" (Kristóf 1986: 46), „Exercice de cruauté" (Kristóf 1986: 50), „Accusations" (Kristóf 1986: 71), „Théâtre" (Kristóf 1986: 99), „En prison" (Kristóf 1986: 115) und schließlich „Grand-Mère vend sa vigne" (Kristóf 1986: 152). Diese Kapiteltitel müssen mit besonderem Vermerk betrachtet werden. Da sie alleine für sich stehen und keinen Artikel brauchen, wird ihre spezielle, für die Protagonisten und die Handlung wichtige, einzigartige respektive individuelle Bedeutung hervorgehoben.

2.2.1 Stilistische Minimalismen anhand der Verwendung von Eigennamen und die Bedeutung des Artikels

Anhand der Artikelaussparung wird die Handlung des Romans sowie deren Spannung und Aufbau wiedergegeben. Ebenso spiegelt sich die sprachliche Genauigkeit wider, Ágota Kristóf bricht die Sätze auf und beschränkt sich so auf das Nötigste, das Essentielle, sie benutzt die Syntax wie eine Lupe und zoomt vom Allgemeinen zum Genauen, vom Überblick zum Detail, vom Ganzen zur Einzelheit. Das erste Kapitel trägt den Titel „L'arrivée chez Grand-Mère" (Kristóf 1986: 9), darauf folgt das Kapitel mit dem detaillierteren Titel „La maison de Grand-Mère" (Kristóf 1986: 12), dann nur noch „Grand-Mère" (Kristóf 1986: 14) und schließlich wird das Substantiv *Grand-Mère* um ein Prädikat und ein relationales Argument syntagmatisch erweitert „Grand-Mère vend sa vigne" (Kristóf 1986: 152) und damit noch mehr spezifiziert. Auch folgt dem Kapitel mit dem Titel „Notre voisine et sa fille" (Kristóf 1986: 34) wenige Seiten später das Kapitel mit dem genaueren Titel „Bec-de-Lièvre" (Kristóf 1986: 39). *Grand-Mère* und *Bec-de-Lièvre* werden hier als Eigennamen verwendet und sind deshalb großgeschrieben.[3] Die Großmutter wird den Kindern mit ihrem Namen von der Mutter vorgestellt: „Notre Mère nous dit: - Voici votre Grand-Mère." (Kristóf 1986: 10) und Bec-de-Lièvre stellt sich den Zwillingen selbst vor und nennt ihren Namen: „On m'appelle Bec-de-Lièvre" (Kristóf 1986: 35). Die Großmutter hat noch einen weiteren Namen: „Les gens l'appellent la Sorcière" (Kristóf 1986: 14).

Die anderen Figuren des Romans tragen keine eigenen Namen und werden lediglich mit bestimmten aus der Sicht der Kinder wichtigen Eigenschaften oder Tätigkeiten allgemein bezeichnet[4] und vor allem die Protagonisten selbst bleiben bewusst namenlos und stellen sich niemandem individuell vor. Damit unterstreicht Kristóf auf minimalistische Weise nicht nur, dass der Roman aus der Perspektive der Kinder geschrieben ist, sondern auch in welcher Beziehung die Kinder zu den einzelnen Figuren stehen und ob die Figuren eine eigene individuelle, menschliche Identität besitzen und emotional mit den Protagonisten verbunden sind oder ob sie lediglich auf Grund eines

---

3 Vgl. hierzu auch (Erdmann 2004: 89). Weitere Substantive, die im Französischen ausnahmsweise bewusst großgeschrieben werden, da sie als Eigennamen verwendet werden, sind der verstorbene *Grand-Père*, das Gegenstück zur *Grand-Mère*, *Mère* und *Père*, die Handlungsorte *Grande Ville* und *Petite Ville*, *Grande Place* und *Grand Fleuve* und „le Grand Cahier" (Kristof 1986: 111).

4 Vgl. hierzu „L'ordonnance" „Moi être ordonnance du capitaine" (Kristof 1986: 24), „Le déserteur" (Kristof 1986: 43) „Je suis un déserteur" (Kristof 1986: 44), „Les autres enfants" (Kristof 1986: 53), „Le facteur" (Kristof 1986: 59), „Le cordonnier" (Kristof 1986: 62), „La servante de la cure" (Kristof 1986: 74), „Le curé" (Kristof 1986: 80), „L'officier étranger" (Kristof 1986: 86), „L'ami de l'officier" (Kristof 1986: 91), „Le policier" (Kristof 1986: 109), „Le vieux monsieur" (Kristof 1986: 118)

materiellen Nutzens oder sozialer Funktion in Relation zu ihnen stehen und durch diesen oder diese in die Handlung eingeführt werden und zu ihr beitragen.

Allein durch das Hervorheben kleinster sprachlicher Details, wie zum Beispiel das Großschreiben einzelner Substantive oder das Aussparen respektive Hinzufügen des Artikels verwirklicht Kristóf auf minimalistische Art eine maximale Wirkung, denn der Leser fragt sich zurecht, warum gerade diese beiden Figuren einen Eigennamen tragen dürfen und ohne Artikel in einem eigenen Kapiteltitel erwähnt werden. Kristóf verdeutlicht dadurch die Sichtweise der Kinder aus deren Perspektive *Le Grand Cahier* geschrieben ist und gibt völlig emotionslos wieder, dass *Grand-Mère* und *Bec-de-Lièvre*, die einzigen, anwesenden, für die Kinder präsenten, individuelle Charaktere darstellen.

2.2.2 Handlungsorientierte Minimalismen

Als Beispiel für den Spannungsaufbau können die Kapitel der diversen Übungen sowie die mit „Accusations", „Théâtre" und „En prison" betitelten Kapitel angeführt werden. Als nächstes folgt deshalb eine kurze Erörterung der Rahmenhandlung, welche die Möglichkeit eröffnet, die minimalistischen Merkmale von Ágota Kristófs Roman *Le Grand Cahier* nicht nur anhand von konkreten Textbeispielen, sondern auch im Gesamtkontext aufzuzeigen.

Der Roman beginnt mit der Ankunft der Zwillinge in Begleitung ihrer Mutter in *Petite Ville* am Haus der Großmutter aus der *Grande Ville* kommend. Im ersten Kapitel werden die Rahmenbedingungen gesetzt, es herrscht Krieg und aus der Not heraus muss eine Mutter ihre Kinder bei der Großmutter, zu der sie 10 Jahre keinen Kontakt hatte, abgeben, um deren Überleben zu ermöglichen. Die Mutter bittet ihre eigene Mutter um Hilfe für ihre Enkelkinder: „Je ne demande rien pour moi. J'aimerais seulement que mes enfants survivent à cette guerre. La Grande Ville est bombardée jour et nuit, et il n'y a plus de nourriture. On évacue les enfants à la campagne, chez des parents ou chez des étrangers, n'importe où" (Kristóf 1986: 10). Sobald die Mutter ihre Kinder unter Tränen bei der Großmutter abgesetzt hat, die Großmutter daraufhin laut lacht und die Enkelkinder ihr als Reaktion die Zunge rausstrecken endet das erste Kapitel.

In den darauffolgenden Kapiteln werden die Umgebung, die Großmutter selbst, die Begebenheiten, die Um- und Zustände sowie die täglichen Arbeiten, die verrichtet werden müssen, beschrieben. Alsbald beginnen die Kinder mit ihrer ersten Übung,

„Exercice d'endurcissement du corps", worauf die weiteren Übungen folgen und die ersten Personen, welche die Protagonisten antreffen, dargestellt werden.

> „The core of the text contains the narrative of events which, for the twins, have an educational purpose. They engage in what they call come to terms with all the cruelties of life [...] A lot of the exercises are based on learning basic survival skills, such as catching fish with their bare hands. Others, also physical and practical, are mental exercises. For instance, they methodically hit and physically hurt each other in order to learn to endure pain. They achieve a state of alienation from pain, which almost damages their sense of identity. They also exchange insults and terms of endearment in order to become insensitive to both. [...] This rationality extends to the various other exercises which the twins perform and document, most of them based on emulating the condition of others in order to understand them better. However, their understanding is never based on an emotional empathy acknowledged as such, but purely on facts that the twins have been able to glean. For instance, they perform exercises in begging, deafness and blindness, hunger and finally killing." (Miletic 2008: 242)

Die Zwillinge versuchen sich an ihre Umgebung und Umstände anzupassen und müssen sich im Abhärten üben, um in ihrer Situation zu überleben. Nachdem die Zwillinge durch ihre Übungen trainiert und gewappnet sind für die Welt des Krieges, in der Armut, Grausamkeit, Elend und Ungerechtigkeit herrschen und Liebe, Mitgefühl und Hilfsbereitschaft Fremdwörter sind, werden sie selbst aktiv und es kommt zur konkreten Konfrontation mit dem Offiziershandlanger im Kapitel mit dem Titel „Accusations". Die Jungen sprechen ihn auf den Krieg an, die Armut und den Hunger, die er mit sich bringt und die Menschen, die er zum Schlechten und Bösen verändert, abhärtet und zerstört und beschuldigen ihn direkt: „c'est votre faute. À vous et votre pays. Vous nous avez apporté la guerre" (Kristóf 1986: 72).

2.2.3 Die Rolle des Märchens als struktureller Minimalismus

In dem mit „Théâtre" betitelten Kapitel hingegen wird die Konfrontation der Einheimischen und der Frage nach Verantwortung und Schuld indirekt hervorgehoben. Ágota Kristóf verdeutlicht dies durch die Darstellung eines Theatersketches mit dem Titel „l'Histoire du pauvre et du riche" (Kristóf 1986: 99), welches von den Zwillingen aufgeführt wird. Einer der Brüder spielt den Reichen, der andere den Armen. Der Reiche möchte essen, der Arme, geschunden von Arbeit hat auch Hunger, doch der Reiche wirft ihn raus und bevor er zu essen beginnt, sagt er am Sketchende: „Merci, Seigneur Jésus, pour tous tes bienfaits." (Kristóf 1986: 100)

Diese Geschichte kann mit dem christlichen Gleichnis vom „reichen Mann und vom armen Lazarus" (Lautenbach 2006: 635) gleichgesetzt werden. Dieses Gleichnis erzählt die Geschichte von Lazarus, „ein mit Geschwüren bedeckter Armer (LUK 16; 19-31). Er lag vor der Tür des Reichen und hatte nur den Wunsch, sich von den Abfällen von dessen Tafel sättigen zu können. Nach seinem Tod wird er von Engeln in Abrahams Schoß getragen. Es ist das einzige Mal, dass jemand in einem Gleichnis Jesu einen Eigennamen trägt"[5] (Lautenbach: 635). Die Namen der beiden Protagonisten bleiben in Ágota Kristófs ersten Roman bewusst unerwähnt, ein weiteres Zeichen ihrer minimalistischen Art sich durch das Nichterwähnte auszudrücken.

Diese Geschichte wird auch im Volksmärchen aufgegriffen, es gibt sie zu finden in den gesammelten Märchen der Gebrüdern Grimm (vgl. hierzu: Grimm 1857: 1-5). Ebenso lässt sich der ganze Roman als Märchen lesen. Die Benutzung der Substantive als Eigennamen, die einfach gehaltene Wortwahl und die kurzen Sätze, in denen *Le Grand Cahier* geschrieben ist, führen dazu, dass Satzstrukturen und Vokabular häufig wiederkehren. Dieser minimalistische Ausdruck und die sich auf ein Minimum reduzierten örtlichen und zeitlichen Rahmenbedingungen verleihen dem Roman Allgemeingültigkeit und tragen dazu bei, dass seine lexikalische Oberflächenstruktur mit der eines Märchens verglichen werden kann.

> „Le lecteur se trouve dès le début de sa lecture dans un conte populaire, un genre certes ahistorique, mais qui, surtout, a toujours intégré la brutalité et la violence à une forme littéraire simple sur le plan structurel. Sur le plan linguistique, le conte populaire autorise la répétition (« Il était une fois… et ils vécurent heureux et eurent beaucoup d'enfants », « mais Grand-Mère, pourquoi as-tu un si grand… ») et un lexique simple, c'est-à-dire aussi familier et quotidien que celui de Kristóf. À cet égard, Ágota Kristóf, en choisissant le conte, a trouvé le genre le plus adapté à ses buts littéraires. A part son ahistoricité, *Le Grand Cahier* emprunte également au genre du conte la caractérisation de ses personnages : ils sont appelés soit par leur prénom, soit par leur rang social, soit par leur métier. De même, les personnages du drame de la trilogie sont la Mère (avec une majuscule), la Grand-Mère (avec des majuscules) et le Père (avec une majuscule). Exactement comme dans les contes, où la Grand-Mère est appelée « La Sorcière » par ses voisins et où la jeune fille de la voisine est appelée « Bec-de-Lièvre » du fait de son handicap, il y a ici M. le Curé (p. 72), le libraire (p. 29), le facteur (p. 63), le cordonnier (p. 66). Mais, les protagonistes ne s'appellent pas Hänsel et Gretel. Dans le premier volet, *Le Grand Cahier*, ils n'ont même pas de nom, ils s'appellent « nous »

---

5 Die beiden Kinder sind in Ágota Kristófs ersten Roman noch namenlos. Erst als sie sich am Ende des ersten Teils der Romantrilogie trennen und in den darauffolgenden Teilen eigene Identitäten entwickeln, erfährt der Leser ihre Namen: Lucas und Claus.

et racontent l'histoire de leur fuite, à double voix et à quatre mains." (Erdmann 2002: 89)

Auch in seiner logisch-semantischen Tiefenstruktur finden sich viele märchentypische Handlungsstrukturen wieder. So gleicht der Spannungsaufbau, den man anhand der reduzierten Überschriften ablesen kann, der Tiefenstruktur des Märchens und man kann die Theateraufführung der Zwillinge als eine inhaltliche partielle Mise-en-abyme sehen, die das Märchen im Märchen widerspiegelt und den ganzen Roman auf eine für seine Moral sinnbildlich stehenden Theatersketch reduziert. Abschließend kann festgestellt werden, dass in beiden Kapiteln grausame Ungerechtigkeiten aufgezeigt werden, die Zwillinge suchen die Konfrontation und hinterfragen die bestehenden Strukturen. Sie versuchen die Missstände einem Schuldigen zuzuweisen, worauf sie im Kapitel „En prison" selbst als Schuldige konfrontiert werden.

2.2.4 Possessivpronomen als minimalistischer Ausdruck und dessen christliche Deutung

Außer der Signifikanz des Artikels bei der Titelwahl der einzelnen Kapitel, welche den Spannungsbogen der Handlung unterstützt, spielt die Erwähnung der familiären Zugehörigkeit bei den Überschriften und im Text eine bedeutende Rolle.

Ágota Kristóf verdeutlicht persönliche Beziehungen in den Überschriften der Kapitel durch das Verwenden des Possessivpronomens. Die Kapitel lauten: „Nos études" (Kristóf 1986: 32), „Notre voisine et sa fille" (Kristóf 1986: 34), „Notre premier spectacle" (Kristóf 1986: 94), „Notre cousine" (Kristóf 1986: 121), „Notre cousine et son amoureux" (Kristóf 1986: 126), „Notre Mère" (Kristóf 1986: 136), „Notre Père" (Kristóf 1986: 160) und schließlich „Notre Père revient" (Kristóf 1986: 163). Das Kapitel, welches mit „Notre premier spectacle" betitelt ist, repräsentiert den Vorboten des Kapitels mit dem Titel „Théâtre" und das Kapitel „Nos études" bezieht sich auf die Kapitel, in denen die verschiedenen Abhärtungsübungen beschrieben werden. Hier wird das Possessivpronomen einerseits verwendet, um das individuelle Einschreiten der Protagonisten zu kennzeichnen und um auf die Bedeutung ihrer Identität aufmerksam zu machen.

Andererseits kann durch die Verwendung des Possessivpronomens auf eine mögliche christliche Deutung verwiesen werden. Die vermeintliche Kusine ist zum Beispiel nicht mit den Zwillingen oder der Großmutter verwandt und wohnt unter ihrem Decknamen im selben Haus:

„Grand-Mère nous dit que notre cousine est la fille de la sœur de notre Père. Nous disons la même chose à ceux qui posent des questions sur notre cousine. Nous savons que notre Père n'a pas de sœur. Mais nous savons aussi que, sans ce mensonge, la vie de notre cousine serait en danger. Or, nous avons promis au vieux monsieur de veiller sur elle." (Kristóf 1986: 11)

Ágota Kristóf hebt durch das Anfügen des Possessivpronomens die persönliche Beziehung und moralische Verantwortung zwischen den Zwillingen und dem Mädchen hervor, verdeutlicht aber auch zugleich durch die allgemeine kleingeschriebene Bezeichnung, dass sie in keiner emotionalen Beziehung zu ihr stehen.

Ein Verweis auf eine mögliche christliche Interpretation sowie die Verdeutlichung der persönlichen Beziehungen und somit ein Rückschluss auf die Identitätsfrage ist außerdem in den Titeln und Kapiteln „Notre Mère", „Notre Père" und „Notre Père revient" zu erkennen. *Mère* und *Père* dienen zudem als Eigennamen und treten genau wie der Eigenname *Grand-Mère* nicht in Verbindung mit dem bestimmten Artikel auf. Durch das Anfügen des Possessivpronomens im Plural erinnern die Begriffe stark an *unsere christliche Mutter* sowie *unseren christlichen Vater* und können neben einer christlichen Interpretation gleichermaßen eine Identitätssuche, eine Zugehörigkeit und schließlich sogar Identitätsverlust ausdrücken.

Im Gegensatz zu den Eigennamen *Père* und *Grand-Mère* wird der Eigenname *Mère* außerhalb der Kapiteltitel nur an einer Stelle des Romans ohne Possessivpronomen erwähnt. Als die Mutter zu den Zwillingen zurückkehrt und mit ihnen in ein anderes Land flüchten möchte, antworten die Zwillinge: „Nous sommes bien ici, Mère. Partez tranquillement. Nous sommes très bien chez Grand-Mère" (Kristóf 1986: 137). In dieser Schlüsselszene wird die Mutter in der direkten Rede durch ihre Anrede ohne Possessivpronomen mit der Großmutter auf eine Ebene gestellt. Diese Ausnahme bildet einen deutlichen Kontrast und hebt somit die Bedeutung des Possessivpronomens hervor, was bei der Figur der Mutter in *Le Grand Cahier* nicht nur als religiöser Bezug interpretiert werden kann, sondern vor allem die Frage und das Bedürfnis nach Zugehörigkeit und Selbstbestimmung in den Vordergrund stellt.

Die nun aufgezeigte präzise und knappe Wortwahl der Autorin verdeutlicht, dass bereits die Titel der einzelnen Kapitel minimalistisch geprägt sind. Nur durch das Verwenden und Aussparen bestimmter Pronomen und Artikel gewinnen die verschiedenen Substantive ihre spezifische Bedeutung, die die Entwicklung und Beziehungen der einzelnen Charaktere aufzeigt und weiterhin zur Handlung beiträgt. Überdies beinhalten die Kapiteltitel keine Adjektive, sondern sind bewusst minimalistisch gehalten, so dass es ein genaues Analysieren der kleinsten morphemen Einheiten bedarf, um die feinen Bedeutungsunterschiede zu erkennen. Der minimalistische Stil der Überschriften setzt sich im Roman fort und eröffnet dadurch eine Vielfalt an Interpretationsmöglichkeiten, welche im Folgenden aufgezeigt werden.

2.3 Minimalistischer Schreibstil

Das zehnte Kapitel mit dem Titel „L'école" (Kristóf 1986: 28-29) erzählt eine Anekdote, die sich drei Jahre zuvor ereignete. Die Zwillinge sollen getrennt in verschiedenen Klassen zur Schule gehen, der Versuch der Trennung missglückt und die Zwillinge dürfen wieder zusammen eine Klasse besuchen bis der Krieg dazu führt, dass die Schule geschlossen werden muss. „Nous allons à l'école pendant deux ans et demi. […] Plus tard, l'école ferme car il y a trop d'alertes et de bombardements. Nous savons lire, écrire, calculer. Chez Grand-Mère, nous décidons de poursuivre nos études sans instituteurs, seuls" (Kristóf 1986: 29). Mit diesem Satz endet das Kapitel und auf diese Rückblende folgt als Konsequenz das Aufzeigen der Eigeninitiative der Protagonisten. Die Kinder beschließen alleine weiter zu lernen und sich selbst zu unterrichten.

Im darauffolgenden Kapitel wird der Kauf von Papier, Heft und Stiften beschrieben, was sich zudem im dazugehörigen Titel „L´achat du papier, du cahier et des crayons" (Kristóf 1986: 30) widerspiegelt. Als nächstes beginnt die Autorin den Lernprozess der Zwillinge aufzuzeigen, indem sie das darauf folgende Kapitel mit „Nos études" (Kristóf 1986: 32) betitelt und dort auch inhaltlich explizit verdeutlicht, dass es die Zwillinge selbst sind, die unter ganz bestimmten minimalistischen Kriterien die verschiedenen Kapitel niederschreiben, selektieren und schließlich, „nous pouvons recopier la composition dans Le Grand Cahier" (Kristóf 1986: 33), in das große Heft aufnehmen.

Die Autorin Ágota Kristóf legt somit nach der kurz gehaltenen Darstellung des Entwicklungsprozesses der Protagonisten und ihrer historischen und familiären Hintergründe, die Erzählperspektive explizit den beiden Kindern in die Hände: „- Nous sommes assis à la table de la cuisine avec nos feuilles quadrillées, nos crayons, et Le Grand Cahier. Nous sommes seuls. L'un de nous dit: - Le titre de ta composition est: « L'arrivée chez Grand-Mère ». L'autre dit: - Le titre de ta composition est: « Nos travaux »[6]" (Kristóf 1986: 32). Damit fokussiert sie den Blickwinkel der erzählenden Zwillinge, „par la conjonction d'un sujet sérieux et grave avec une perspective apparemment naïve, celle des deux frères jumeaux" (Erdmann 2002: 87), der minimalistische Stil, aber bleibt der ihre, wie sich an einer anderen Textstelle herausstellt:

> „La structure principale de la syntaxe de la trilogie suit ce schéma: « Nous arrivons de la Grande Ville. Nous avons voyagé toute la nuit. Notre Mère a les yeux rouges », et ainsi de suite (GC : 7). Tous les chapitres, tous les paragraphes et toutes les phrases sont courts; elle raconte au présent ou au passé composé, avec une syntaxe très simple. Et ce n'est pas la syntaxe simple des garçons-narrateurs; c'est la syntaxe simple de l'auteur-narrateur. Car les garçons-narrateurs savent très bien se servir d'un français élaboré. Pour convaincre le libraire de leur donner du papier et des crayons sans payer, ils disent: « - Nous sommes disposés à effectuer quelques travaux pour vous en échange de ces objets. Arroser le jardin, par exemple, arracher les mauvaises herbes, porter des colis… »." (Erdmann 2002: 96)

Der minimalistische Text Ágota Kristófs beinhaltet nun das minimalistische Schreiben, seine Voraussetzungen und Bedingungen. Wie die Autorin den Entstehungsprozess eines minimalistisch definierten Textes durch die Perspektive der Zwillinge darstellt wird im Folgenden aufgezeigt werden.

Als Grundlage für Lernen und Schreiben dienen das große Wörterbuch des Vaters, neben Kleidung das einzige Mitbringsel der Jungen aus ihrem vorherigen Lebensabschnitt in der *Grande Ville*, sowie die Bibel „que nous avons trouvée ici, chez Grand-Mère, dans le galetas" (Kristóf 1986: 33). Gelernt werden Schreiben, Lesen, Rechnen, Auswendiglernen, neue Wörter, Antonyme, Synonyme, es wird diktiert und aufgeschrieben.

> „Nous employons le dictionnaire pour l'orthographe, pour obtenir des explications, mais aussi pour apprendre des mots nouveaux, des synonymes, des antonymes. La Bible sert à la lecture à haute voix, aux dictées et aux exercices de mémoire. Nous apprenons donc par cœur des pages entières de la Bible."
> (Kristóf 1986: 32)

Nachdem ein Titel ausgewählt wurde, setzen sich die Zwillinge ein Zeitfenster von zwei Stunden „pour traiter le sujet et deux feuilles de papier à notre disposition" (Kristóf 1986: 32). Nach Ablauf der Zeit werden die Manuskripte ausgetauscht, es wird

---

6 Dieser Kapiteltitel wurde zu „Les travaux" (Kristof 1986: 16) umgeändert, um im großen Heft aufgenommen zu werden. Dieses Vorgehen verdeutlicht damit nochmals Bedeutungsunterschiede durch minimalistische Reduktion eines Ausdrucks, die Wahl eines Artikels oder eines Possessivpronomens oder das Weglassen des Artikels.

korrigiert und entschieden, ob der Text in das große Heft aufgenommen oder vernichtet wird. Die Kriterien für ein gutes Ergebnis erscheinen klar und deutlich: „Pour décider si c'est « Bien » ou « Pas bien », nous avons une règle très simple: la composition doit être vraie. Nous devons décrire ce qui est, ce que nous voyons, ce que nous entendons, ce que nous faisons" (Kristóf 1986: 33). Es ist verboten das Beschriebene mit wertenden Adjektiven zu schmücken, seine Meinung oder Präferenzen zu äußern oder aufzuzeigen. „Par exemple, il est interdit d'écrire: « Grand-Mère ressemble à une sorcière »; mais il est permis d'écrire: « Les gens appellent Grand-Mère la Sorcière. »" (Kristóf 1986: 33) Alles was ungenau oder überflüssig ist, muss weggelassen werden, es werden keinerlei Metaphern oder Vergleiche verwendet, die vom Eigentlichen ablenken und es bleibt nur das Essentielle, das reine Pure, das was man unter Minimalismus versteht.

Ágota Kristóf definiert durch die Erzählperspektive der Zwillinge die Strukturen des minimalistischen Schreibens. Die unterschiedlichen Schritte des minimalistischen Schreibens bestehen somit aus dem Sammeln von Wörtern, ihrer Komposition innerhalb eines bestimmten Zeitrahmens, das Korrekturlesen oder Einholen einer zweiten Meinung und dem Streben nach Wirklichkeit. Die Zwillinge möchten so nah wie möglich an der Realität bleiben und diese möglichst objektiv wiedergeben, daher verzichten sie auch auf jeglichen Ausdruck von Emotionen, da „[l]es mots qui définissent les sentiments sont très vagues; il vaut mieux éviter leur emploi et s'en tenir à la description des objets, des êtres humains et de soi-même, c'est-à-dire à la description fidèle des faits" (Kristóf 1986: 33).

2.4 Minimalismus als direkter Ausdruck von Gewalt

Diese Art von minimalistischem Ausdruck kann auf der Handlungsebene den grausamen und kargen Umständen des Krieges zugeschrieben werden. Nachdem nun aufgezeigt wurde, wie Ágota Kristóf die Bedeutung des minimalistischen Schreibens durch die Erzählperspektive der Zwillinge auch inhaltlich definiert und klar darstellt, wird als nächstes auf die Bedeutsamkeit von Emotionslosigkeit und Gewalt eingegangen werden.

Die Zwillinge erfahren in ihrer trostlosen Umgebung keinerlei Zuneigung. Die Großmutter bezeichnet sie bereits im ersten Kapitel, noch bevor sie ihre Enkelkinder zu Gesicht bekommen hat, indirekt als Söhne einer Hündin (vgl. hierzu: „Les chiennes mettent bas quatre ou cinq petits à la fois. On en garde un ou deux, les autres, on les noie.") (Kristóf 1986: 10) und kündigt an, dass den Kindern bei ihr ein hartes und grausames Leben bevorsteht. Bereits im dritten Kapitel stellen die Zwillinge selbst fest: „Notre Grand-Mère est la mère de notre Mère. Avant de venir habiter chez elle, nous ne savions pas que notre Mère avait encore une mère. Nous l'appelons Grand-Mère. Les gens l'appellent la Sorcière. Elle nous appelle «fils de chienne »" (Kristóf 1986: 14). Durch die Erwähnung der zuvor bestehenden Unwissenheit der Kinder hinsichtlich des Rollenverständnisses von einer Großmutter und einer Mutter in Zusammenhang mit charakteristischen und abwertenden Bezeichnungen weist Ágota Kristóf auf minimalistische Weise auf die traditionell bestehenden hierarchischen Strukturen und die unterschiedliche Wertung der einzelnen Protagonisten sowie deren Verhältnis untereinander hin. In diesen vom Krieg geprägten Machtstrukturen spielen emotionale Kälte und Gewalt eine wichtige Rolle.

Auch im weiteren Verlauf der Geschichte behandelt die Großmutter ihre Enkelkinder wie Tiere, sie fügt ihnen physische Gewalt zu: „Grand-Mère nous frappe souvent, avec ses mains osseuses, avec un balai ou un torchon mouillé. Elle nous tire pare les oreilles, elle nous empoigne par les cheveux" (Kristóf 1986: 22). Sie lässt sie hart arbeiten, Nahrung gibt es nur für Gegenleistungen, die Jungen müssen im Dreck leben und sind selbst schmutzig und wenn sie nicht spuren werden sie bestraft, ausgesperrt oder bekommen nichts zu essen. „Nous sommes obligés de faire certains travaux pour Grand-Mère, sans quoi elle ne nous donne rien à manger et nous laisse passer la nuit dehors" (Kristóf 1986: 16). Neben der physischen Gewalt, die ihnen zugefügt wird, müssen sie auch der starken emotionalen Gewalt standhalten, die man ihnen entgegenbringt.

Die Großmutter behandelt ihre Enkelsöhne mit emotionaler Kälte, welches sich in ihrer Wortwahl zeigt, indem sie sie mit Beschimpfungen wie „[q]ue le diable vous emporte !" (Kristóf 1986: 49), „espèce de petits merdeux" (Kristóf 1986: 50), „[p]etits saligauds, misère de ma vie, la punition du Bon Dieu"(Kristóf 1986: 50), „[f]ils de chienne, de putain et du diable ! Maudit soit le jour où vous êtes nés !" (Kristóf 1986: 125) ruft und verflucht.

Selbst als sie ihren ersten Anfall mit Hilfe der Enkelkinder überlebt hat und ihre Enkelsöhne bittet ihr beim nächsten Anfall Sterbehilfe zu leisten, betitelt sie sie unter Tränen mit den Ausdrücken: „petits chiards" (Kristóf 1986: 158), „vous êtes des ingrats, des serpents que j'ai chauffés sur mon sein" (Kristóf 1986:159). Durch diese Behandlung stumpfen die Kinder in ihren Emotionen ab, was dazu führt, dass sie selbst keine Emotionen und Gefühle mehr haben, welches sich in ihrem minimalistischen völlig emotionslosen Ausdruck ohne jegliche Adjektive so drastisch und direkt wie möglich zeigt.

Auch die anderen Menschen der *Grande Ville* behandeln die Kinder menschenunwürdig, so stellen die Kinder fest, dass „[d]'autres gens nous donnent aussi des gifles et des coups de pied, nous ne savons même pas pourquoi. Les coups font mal, ils nous font pleurer. Les chutes, les écorchures, les coupures, le travail, le froid et la chaleur sont également causes de souffrances. Nous décidons d'endurcir notre corps pour pouvoir supporter la douleur sans pleurer" (Kristóf 1986: 22).

Die Jungen werden nicht nur von ihrer eigenen, von Emotionslosigkeit geprägten Großmutter während ihrer persönlichen Entwicklung psychisch missbraucht, auch die anderen Bewohner der Stadt degradieren die Zwillinge auf menschenunwürdige Weise indem sie sie mit beschimpfenden Ausdrücken bezeichnen: „Fils de Sorcière ! Fils de pute ! […] Imbéciles ! Voyous ! Morveux ! Ânes ! Gorets ! Pourceaux ! Canailles ! Charognes ! Petits merdeux ! Gibier de potence ! Grains d'assassin !" (Kristóf 1986: 26).

Der Krieg entmenschlicht den Menschen. Es ist wichtig, emotional abgehärtet zu sein, um die rohe Gewalt, die moralischen Ungerechtigkeiten, die grausame Armut wie auch die psychische Abgestumpftheit und den bestialischen Egoismus, Auswüchse, die der Krieg mit sich bringt, ertragen zu können. In Zeiten des Krieges wird der Mensch zum Tier. Es herrscht das darwinistische „survival of the fittest" (Wuketits 2012: 58), wer sich am besten anpasst, überlebt den Horror.

In der Realität der Kinder existieren zwar christliche Werte, Moral und Menschlichkeit, doch niemand verhält sich dementsprechend. So stellen die Kinder selbst fest als der Pfarrer sie fragt: „- Vous connaissez donc les Dix Commandements. Les respectez-vous ? - Non, monsieur, nous ne les respectons pas. Personne ne les respecte. Il est écrit: « Tu ne tueras point » et tout le monde tue" (Kristóf 1986: 81).

Das Leben und das Miteinander der Protagonisten ist genauso emotionslos und unverblümt wie die kurzen prägnanten Sätze, in denen sie beschrieben werden, die wie Bomben einschlagen und wie Schläge wirken. Wie könnte man diese Grausamkeiten mit präzisierenden oder umschreibenden Ausdrücken wie durch Adjektive und Metaphern oder in langen detaillierten Vergleichen wiedergeben? Für diese Geschichte, die aus Kindersicht vom Krieg erzählt, braucht es einen minimalistischen emotionslosen Stil, der die Realität widerspiegelt und so die herrschende Gefühlslosigkeit zeigt.

2.4.1 Die minimalistische Darstellung der Übungen zur Abhärtung als Konsequenz der Erfahrungen

Als Reaktion auf die unmenschlichen Umstände beginnen die Kinder im siebten Kapitel mit ihrer ersten Übung zur Abhärtung des Körpers, worauf zwei Kapitel später die Übung zur Abhärtung des Geistes folgt. Bei diesen Übungen geht es darum die Beleidigungen zu ertragen und den gefühllosen bis unmenschlichen zwischenmenschlichen Umgang bewältigen zu können. Den ersten beiden Abhärtungsübungen folgen vier weitere Kapitel, in denen kontinuierlich der Lernprozess der emotionalen Abstumpfung beschrieben wird. Ihre Titel lauten „Exercice de mendicité", „Exercice de cécité et de surdité", „Exercice de jeûne" und schließlich „Exercice de cruauté", welches die Kulmination der Grausamkeit beinhaltet, da sich die Zwillinge in der Folterung und Ermordung diverser Tiere üben.

Nach diesen Übungen sind sie gewappnet für die Welt um sie herum und ihr ganz eigener Krieg beginnt. Sie stellen fest, dass selbst unter den Kindern in der *Grande Ville* ein Hobbesscher Naturzustand herrscht, in dem der Mensch dem Mensch ein Wolf ist und jeder gegen jeden Krieg führt (vgl. Tartsch 2009: 14). Sie sehen, dass „[l]es grands enfants attaquent souvent les plus petits. Ils leur prennent tout ce qu'ils ont dans les poches et parfois même leur vêtements. Ils les battent aussi, surtout ce qui viennent d'ailleurs. Les petits d'ici sont protégés par leur mère et ne sortent jamais seuls" (Kristóf 1986: 53). Sie realisieren, dass sie niemanden haben, der sie beschützt, und daher suchen und bauen sie sich Waffen, um gegen Angriffe gewappnet zu sein.

Nun sind die Kinder selbst zum Wolf geworden, reduziert auf das Bestialische und Animalische, schreiten sie fortan zur Tat. Der Winter kommt und härtet ihre Gemüter noch mehr ab. Sie haben nun ihre ganz eigenen Ansichten von Gerechtigkeit und Recht. Um in dem herrschenden chaotischen System überleben zu können, greifen sie zur Selbstjustiz und erpressen den Pfarrer um Geld: „- C'est monstrueux. Savez-vous seulement ce que vous êtes en train de faire ? - Oui, monsieur. Du chantage" (Kristóf 1986: 70).

2.4.2 Die Rolle des Krieges - ein Trauma wird minimalistisch wiedergegeben

Der Krieg rückt näher und näher, sie verbringen die Zeiten des Fliegerbombenalarms auf offener Straße, sie sehen Deportationen und während ihre Großmutter von den Besatzern niedergeschlagen wird, begehen sie ihren ersten Mord an der Magd. Darauf folgen Folter und Gefängnis, doch sie werden von einem deutschen Offizier gerettet und anschließend vom Pfarrer geweiht. Die Kriegsfront ist bis zu ihrer Haustür vorgerückt, sie betreten das von den Deutschen verlassene und abgebrannte KZ, sehen und riechen verbrannte Leichen und als ihre Mutter zurückkehrt um sie abzuholen, müssen sie mit ansehen, wie sie und ihre neugeborene Schwester von einer Granate zerfetzt werden und sterben.

Anschließend begraben sie die Überreste im Garten der Großmutter und auch als das Kriegsende bevorsteht und die neuen Fremden kommen, um die Bevölkerung zu befreien, reißen die Brutalität und Gewalt nicht ab. Ihre Nachbarin und Freundin *Bec-de-Lièvre* wird zu Tode vergewaltigt und sie begehen weitere Beihilfe zum Tod, indem sie das Haus der Nachbarin mit der toten *Bec-de-Lièvre* und deren noch lebender Mutter auf Wunsch der Letzteren verbrennen.

Schließlich helfen sie nach dem offiziellen Kriegsende der Großmutter zu sterben und am Ende opfern sie ihren Vater, um selbst über die Grenze zu kommen. Das Verhalten der Kinder und die grausamen Begebenheiten des Krieges werden von Ágota Kristóf mit präzisen, knappen Worten und bewusst kurzgehaltenen Sätzen wiedergegeben, was eine sehr direkte Wirkung auf den Leser mit sich zieht. Die traumatischen Ereignisse, die die Protagonisten in jungen Jahren erleiden und mit ansehen müssen, die Gewalt, der Tod und der Krieg hallen wie das Staccato eines Maschinengewehrs in den kurzen direkten Sätzen wider.

3 Verdoppelung und Synchronie

Verdoppelung und Synchronie gehen im Roman Hand in Hand. Bei einer Verdoppelung geht man von zwei Einheiten aus, die sich bis aufs Ununterscheidbare ähneln oder spiegeln, ein Original und seine identische Kopie, wobei nicht zu sagen ist, welches Original oder Spiegelbild ist. Während bei einer Verdoppelung eine Einheit dupliziert wird, verschmelzen beide zu einem Ganzen, wenn diese simultan auftreten und man kann von einer Synchronie der Verdoppelung sprechen. Bereits die Entstehung von Kristófs Roman selbst kann als Verdoppelung gesehen werden, die sich im Titel zur Synchronie vereinigt, denn die Entstehung des Romans fällt zeitgleich auf das Schreiben der Protagonisten und wird in der Schreibweise „Le Grand Cahier" (Kristóf 1986: 33) und dessen Verwendung als Eigenname mit dem Titel des Romans gleichgesetzt und zusammengeführt. Verdoppelung steht also einerseits als Gegensatz zur Synchronie, denn an der Stelle, an der die Verdoppelung zur Synchronie verschmilzt, heben sich zwei Einheiten auf und fusionieren zu einem Ganzen.

Nach dem Fremdwörterduden hat der Begriff der Synchronie seinen etymologischen Ursprung im Griechischen „sýn: zusammen, zugleich" und „chrónos: Zeit", daraus ergeben sich zwei sich kaum unterscheidende Bedeutungen, aus „zusammen" und „Zeit" und aus „zugleich" und „Zeit". In der Sprachwissenschaft versteht man unter dem Begriff der Synchronie die „beschreibenden Darstellung des Sprachzustandes eines bestimmten [kurzen] Zeitraumes" (Duden 2007). Während beim Begriff Synchronie der Bedeutungsschwerpunkt auf der Gleichzeitigkeit liegt, setzt der ebenfalls geläufige Begriff Synchronität den Fokus auf das Gleichzeitigsein. In dieser Arbeit werden beide Begriffe synonym verwendet, da sprachwissenschaftliche Aspekte nicht der primäre Gegenstand dieser Arbeit sind. Außerdem verschwimmen im Roman *Le Grand Cahier* Sein und Zustand.

Schon im doppelten Schreiben von *Le Grand Cahier* liegt nicht nur eine Synchronie vor: das bereits erwähnte Wörterbuch stellt eine synchron verwendete Verdoppelung als Hilfsmittel dar, denn Protagonisten sowie Autorin benötigen es zur Produktion des Textes. Andererseits kann die Synchronität als ein Ganzes auch gegensätzlich zur Verdoppelung aufgespalten werden, die in sich auch wiederum in eine jeweilige Doppelung zerteilt werden können. In diesem Fall kann das Wörterbuch als Synchronie gewertet werden, die gleichzeitig mit der Bibel das große Heft entstehen lässt und füllt. Die konkreten Textbeispiele werden nun in den folgenden Kapiteln angeführt und dargelegt.

3.1 Sprachliche Verdoppelungen einer synchronen Sicht

Eine Verdoppelung findet sich in Ágota Kristófs Roman *Le Grand Cahier* auf mehreren Ebenen wieder. Die deutlichste, eindeutige Verdoppelung verkörpern in erster Linie die Zwillinge selbst, die *Le Grand Cahier* gemeinsam aus ihrer synchronen Perspektive in der dritten Person Plural geschrieben haben.

> „Nous arrivons de la Grande Ville. Nous avons voyagé toute la nuit. Notre Mère a les yeux rouges. Elle porte un grand carton et nous deux chacun une petite valise avec ses vêtements, plus le grand dictionnaire de notre Père que nous passons quand nous avons les bras fatigués.
> Nous marchons longtemps. La maison de Grand-Mère est loin de la gare, à l'autre bout de la Petite Ville. Ici, il n'y a pas de tramway, ni d'autobus, ni de voitures. Seuls circulent quelques camions militaires. Les passants sont peu nombreux, la ville est silencieuse. On peut entendre le bruit de nos pas; nous marchons sans parler, notre Mère au milieu de nous deux.
> Devant la porte du jardin de Grand-Mère, notre Mère dit :
> - Attendez-moi ici.
> Nous attendons un peu, puis nous entrons dans le jardin, nous contournons la maison, nous nous accroupissons sous une fenêtre d'où viennent des voix. La voix de notre Mère : - Il n'y a plus rien à manger chez nous, ni pain, ni viande ni légumes, ni lait. Rien. Je ne peux plus les nourrir.
> Une autre voix dit :
> - Alors, tu t'es souvenue de moi. Pendant dix ans, tu ne t'étais pas souvenue. Tu n'es pas venue, tu n'as pas écrit." (Kristóf 1986: 9)

Bereits auf der ersten Seite, in den ersten Worten des Romans sind verschiedene Arten der Verdoppelung ersichtlich. Kristófs minimalistischer Stil birgt, durch die mehrfachen Wiederholungen ihre minimalistisch gehaltene, beschränkte Auswahl des Vokabulars eine Vielfalt an Anaphern und Epanalepsen einzelner Nominalphrasen, diese können auf der sprachlichen, poetischen Ebene als Verdoppelung gewertet werden (vgl. hierzu „Nous […]. Nous […]"). Auch im weiteren Verlauf des Romans treten diese Verdoppelungen immer und immer wieder auf: „Nous attrapons des grenouilles […]" und gleich anschließend den Satz nochmals beginnend mit „Nous attrapons aussi des papillons […]" (Kristóf 1986: 51), damit verdeutlicht Kristóf, dass es sich bei den Zwillingen körperlich nach außen auftretend um zwei Personen handelt, auch wenn sie ihre Handlung als eine Person durchführen, also synchron handeln, so handeln sie sprachlich gesehen doch doppelt. Die Zwillinge als Verkörperung einer Verdoppelung und ihr gemeinsames synchrones Auftreten spiegeln sich in den verdoppelten Wiederholungen der Satzteile Ágota Kristófs wider.

3.1.1 Syntagmatische Verdoppelungen aus synchroner Perspektive

Ihre Sätze folgen meist einem einfachen Schema und beginnen mit dem Subjekt. Auch im weiteren Verlauf des Textes, besonders in den Passagen der Dialoge, die durch direkte Rede gekennzeichnet sind, spielt Kristóf mit dieser einfachen Satzkonstruktion, indem sie sie im Ganzen oder teilweise verdoppelt und paarweise ineinander flicht, so dass ein Muster entsteht, dass das Rede-und-Gegenrede-Spiel hin- und herspringen lässt und so den Gesprächsakt aus der Perspektive der Zwillinge genauestens wiedergibt. (vgl. hierzu „La voix de notre Mère: […] Une autre voix dit: […]") Hier sind es die Jungen, die „die wechselseitige Unterredung von" (Becker 2009: 32) Mutter und Großmutter belauschen. Durch die einleitenden Angaben der jeweiligen Sprecher und die darin implizierte Verdoppelung eines Wortes, in diesem Fall „voix", werden nicht nur die beiden Generationen Mutter und Großmutter, also die beiden Gesprächspartner gegenübergestellt, gleichzeitig wird auch die Beziehung zwischen den Kindern und ihrer Mutter sowie die Beziehung der Kinder zu ihrer Großmutter verdeutlicht.

Nicht nur auf phonetischer, sondern auch auf syntaktischer Ebene, wählt Kristóf doppelt auftretende Satzkonstruktionen, die durch ihre Wiederholung die inhaltlichen Gegensätze verdeutlichen. (vgl. hierzu „Ici, il n'y a pas de tramway, ni d'autobus, ni de voitures. […] Il n'y a plus rien à manger chez nous, ni pain, ni viande ni légumes, ni lait.") Die Kinder stellen die aus ihrer Sicht als erstes auffallenden Unterschiede zwischen der *Grande Ville* und der neuen bis dato noch unbekannten *Petite Ville* fest. Wenige Zeilen später wählt Kristóf dieselbe Satzkonstruktion und legt sie der Mutter in den Mund. Aus der Sicht der Mutter stehen ganz andere Unterschiede der Örtlichkeiten im Vordergrund. Es geht der Mutter um das reine Überleben ihrer Kinder in Zeiten des Krieges. Kristóf stellt Räume und Figuren als Oppositionspaare gegenüber und intensiviert durch deren sprachliche Verdoppelung ihre Bedeutung als Kontrast und durch das synchrone sprachliche Gegenüberstellen deren reziproke Zusammengehörigkeit.

3.1.2 Gegensätzliche Verdoppelung als synchrone Dichotomien

Im fortlaufenden Text finden sich immer wieder doppelt auftretende Satzkonstruktionen, die zusätzlich mit Anaphern oder Epiphern bestückt sind. Ein Beispiel für eine doppelt auftretende Satzkonstruktion mit anfangender Anapher und abschließender Epipher findet sich im Kapitel „Le vol" (Kristóf 1986: 65-67), in welchem die Zwillinge ihrer Nachbarin und Freundin helfen und ihr und ihrer Mutter Essen besorgen, damit diese die harten Zeiten des Krieges überleben können. Kristóf bedient sich hier einer Verdoppelung in Form einer Epipher, um die Tat als nötige Straftat hervorzuheben und ihre Verdoppelung zu unterstreichen, indem sie jedem der Jungen sprichwörtlich eine Tat in die Schuhe schiebt: „Nous allons dans une épicerie pour acheter un peu de farine et prendre du sel et du sucre sans les payer. Nous allons aussi chez le boucher; nous achetons une petite tranche de lard et prenons un gros saucisson sans le payer" (Kristóf 1986: 66). Auch spiegeln sich hier die Gegensätze, die Dichotomien wider, auf die Kristóf immer wieder zurückgreift (vgl. hierzu: „sel et sucre" und „une petite […] un gros") und durch welche sie ihre synchron auftretenden Verdoppelungen nochmals verstärkt. Diese Dichotomien sind auch in den Verdoppelungen der Eigennamen zu finden, so steht die *Grande Ville* im Gegensatz zur *Petite Ville*[7], *Mère* im Gegensatz zu *Père*, *Grand-Mère* zu *Grand-Père*, aber genauso besteht eine Zweiteilung zwischen *Mère* und *Grand-Mère*, zwischen *Père* und *Grand-Père*. Diese stehen auch in Bezug zu den Protagonisten, aus deren Perspektive das Heft geschrieben ist.

Ágota Kristóf setzt nicht nur Räume und Gegenstände als Gegensatzpaare sprachlich gegenüber, wie zum Beispiel in dem Satz: „La forêt est très grande, la rivière est toute petite." (Kristóf 1986: 18), auch ihre Figuren definieren sich erst in der synchronen Opposition zu ihrer sprachlichen Verdoppelung. Zahlreiche weitere Dichotomien, die

---

7 Im Laufe der Zeit, die die Kinder in der *Petite Ville* bei ihrer Großmutter verbringen, stellen sie fest, „[q]uand nous sommes arrivés chez Grand-Mère, il n'y avait que très peu d'alertes dans la Petite Ville. Maintenant il y en a de plus en plus. Les sirènes se mettent à hurler à n'importe quel moment du jour et de la nuit, exactement comme dans la Grande Ville" (Kristof 1986: 101). Die Bombenangriffe nehmen zu und als die Front des Krieges näher und näher rückt und „les gens disent que la Grande Ville est tombée" und als „[u]n jour, les gens disent que l'armée s'est rendue, que c'est l'armistice et que la guerre est finie. Le lendemain, les gens disent qu'il y a un nouveau gouvernement et que la guerre continue" (Kristof 1986: 132), da heißt die *Petite Ville*, dann nur noch „Ville" (Kristof 1986: 133). Die Gegensätze der beiden Orte, die in dieser Geschichte von Bedeutung sind, haben sich aufgehoben und die beiden Städte, der Handlungsort *Petite Ville*, der sich durch sein Gegenstück und sprachliche Verdoppelung *Grande Ville* definiert, haben sich angepasst, genau wie die Protagonisten sich an ihre Umgebung angepasst haben. Ab diesem Moment verschwindet der Name *Petite Ville* und der reduzierte Eigenname *Ville* tritt an dessen Stelle und wird von Ágota Kristóf genau noch zweimal aufgenommen, das erste Mal: „[q]uand les gens interrogent les soldats de notre pays, ceux-ci répondent qu'ils ne savent rien. Ils traversent la Ville. Ils vont dans l'autre pays par la route qui passe à côté du camp" (Kristof 1986: 132-133) und das zweite Mal im darauffolgenden Kapitel, als die Kinder feststellen: „Une nuit, nous entendons des explosions, des fusillades, le tir des mitrailleuses. Nous sortons de la maison pour voir ce qui se passe. Un grand feu s'élève à l'emplacement du camp. Nous croyons que l'ennemi est arrivé mais, le lendemain, la Ville est silencieuse, on n'entend que le grondement lointain des canons". Mit dieser Verdoppelung stellt Kristof eine Verbindung zwischen dem „Camp de transit" (Kristof 1986: 134) und den Menschen, die sich ihrer Verantwortung durch Schweigen und Ignoranz entzogen haben.

synchron als Komplement in einer sprachlichen, poetischen Verdoppelung auftreten, finden sich unter anderem in den Fragen nach dem Sinn und Themenbereichen des Seins und des Nichts: (vgl. hierzu: „- Pourquoi ? - Je ne sais pas. Pour rien. Je suis un individu politiquement suspect.") (Kristóf 1986: 163) oder „- J'ai besoin de vous ici. Et qu'est-ce que vous pourriez encore apprendre à l'école ? - Rien, Grand-Mère, absolument rien." (Kristóf 1986: 149) oder auch „- Que lui est-il arrivé ? - Rien. Rien de spécial." (Kristóf 1986: 40). Ebenso zeigen sich Dichotomien im Gegensatz von Tod und Leben (vgl. hierzu: „Une fois, loin dans la forêt, au bord d'un grand trou fait par une bombe, nous trouvons un soldat mort. Il est encore entier, seuls ses yeux lui manquent à cause des corbeaux.") (Kristóf 1986: 19) und „Nous trouvons un homme dans la forêt. Un homme vivant, un homme jeune, sans uniforme. Il est couché derrière un buisson. Il nous regarde sans bouger." (Kristóf 1986: 43).

Ágota Kristóf stellt auch die Zeit des Kriegszustands der Zeit vor dem Krieg gegenüber („Personne n'a voulu cette guerre. Personne, personne." (Kristóf 1986: 96) „- Avant la guerre, elles faire comment pour manger, l'aveugle et fille ? - Avant la guerre, elles vivaient de charité. Les gens leur donnaient de vieux habits, de vieux souliers. Ils leur apportaient à manger. Maintenant, personne ne donne plus rien. Les gens sont tous pauvres ou ils ont peur de le devenir. La guerre les a rendus avares et égoïstes." (Kristóf 1986: 72) oder greift den Gegensatz von Liebe und Hass auf („- Nous te donnerons des fruits, des légumes, des poissons, du lait. […] - Je ne veux pas de vos fruits, de vos poissons, de votre lait ! Tout ça je peux le voler. Ce que je veux, c'est que vous m'aimiez. Personne ne m'aime. Même pas ma mère. Mais moi non plus, je n'aime personne. Ni ma mère ni vous ! Je vous hais !" (Kristóf 1986: 36).

Außerdem tauchen Dichotomien im Gegensatz zwischen Tag und Nacht („Je marche depuis deux semaines. Jour et nuit. Surtout la nuit.") (Kristóf 1986: 43), zwischen Sauberkeit und Schmutz und zwischen der Hitze des Sommers und der Kälte des Winters auf.[8] Eine oft gewählte Konstruktion wie die Folgende tritt bei Kristóf immer wieder auf: „Chez nous, à la Grande Ville, notre Mère nous lavait souvent. […] Chez Grand-Mère, il est impossible de se laver. […] Quand il fait chaud, nous allons nous baigner dans la rivière, […] Quand il fait froid, il est impossible de se laver complétement"

---

8 Diese Dichotomien finden sich in abgewandelter Form auch in den Kapiteln der diversen Abhärtungsübungen der Kinder wieder, in denen sie durch das Angleichen ihres Verhaltens die Gegensätze versuchen auszugleichen.

(Kristóf 1986: 20). Mit diesen Konstruktionen verdoppelt sie sprachlich den Satzbau und hängt an ihre Anaphern die gegensätzlichen Inhalte um durch deren gleichzeitige Gegenüberstellung die komplementären Zusammenhänge hervorzuheben. Diese synchron erscheinenden sprachlichen Verdoppelungen sind Kristófs Schreibstil eigen, sie tauchen nicht nur immer wieder in ihrem Roman auf „Chez l'officier il n'y a personne. Chez Grand-Mère il y a de la lumière, ce qui arrive rarement." (Kristóf 1986: 124), sondern sie lassen sich auch in ihrer autobiographischen Erzählung *L'Analphabète* finden:

> „La salle de mon père sent la craie, l'encre, le papier, le calme, le silence, la neige, même en été. La grande cuisine de ma mère sent la bête tuée, la viande bouillie, le lait, la confiture, le pain, le linge mouillé, le pipi du bébé, l'agitation, le bruit, la chaleur de l'été, même en hiver." (Kristóf 2004: 6)

Auch in ihren immer wieder auftretenden Aufzählungen (vgl. hierzu „tu ne t'étais pas souvenue. Tu n'es pas venue, tu n'as pas écrit." (Kristóf 1986: 9) oder auch „Les tanks, les canons, les chars, les camions traversent la frontière jour et nuit. […] Ils mourront tous de froid, de fatigue, de faim et de toutes sortes de maladies.") (Kristóf 1986: 146) reiht sie mit Anaphern beginnende Satzglieder oder Wortphrasen aneinander um die Beziehungen zwischen den einzelnen Personen hervorzuheben, die verschiedenen Individuen gegenüberzustellen und gegeneinander abzugrenzen.

3.3 Körperliche Synchronität und körperliche Verdoppelung

Ein weiteres Beispiel für das Bilden der Charaktere und das Abgrenzen von Individuen, findet sich in der Figur der Großmutter wieder, die als körperliche Synchronität den Zwillingen, die eine körperliche Verdoppelung darstellen, gegenübersteht. Dieses wird in dem Kapitel „Grand-Mère" (Kristóf 1986: 14), in dem die Zwillinge ihre Großmutter beschreiben, sprachlich ausformuliert und gespiegelt:

> „Notre Grand-Mère est la mère de notre Mère. Avant de venir habiter chez elle, nous ne savions pas que notre Mère avait encore une mère.
> Nous l'appelons Grand-Mère.
> Les gens l'appellent la Sorcière.
> Elle nous appelle « fils de chienne »." (Kristóf 1986: 14)

Hier nennen die Zwillinge die Verdoppelung beim Namen. Genau wie ihre Großmutter, die in sich selbst eine synchrone Verdoppelung als Mutter der Mutter darstellt und unter zwei Namen (Grand-Mère und Sorcière) im Verlauf des Romans bekannt ist, stellen auch die Zwillinge eine Verdoppelung dar und auch wenn man ihre genauen Namen nicht ausdrücklich erfährt, so weiß man doch anhand der Inschrift des Kreuzes am Grabe ihres Großvaters, dass „le nom qui est écrit dessus est celui de notre Grand-Mère, c'est aussi le nom de jeune fille de notre Mère. Le prénom est double avec un trait d'union et ces deux prénoms sont nos propres prénoms." (Kristóf 1986: 48) Dies ist ein erster Hinweis darauf, dass die Zwillinge selbst die Verdoppelung einer Person, die ihres verstorbenen Großvaters in zwei Körpern repräsentieren und durch ihr simultanes Auftreten zur Synchronie werden. Der Leser wundert sich dann nicht, dass die Kinder anhand des Geburts- und Sterbedatums auf dem Kreuz das Alter des Großvaters herausfinden und feststellen, dass ihr „Grand-Père est mort à l'âge de quarante-quatre ans" (Kristóf 1986: 49). Diese aus zwei gleichen Ziffern bestehende Zahl stellt nicht nur in sich selbst eine synchrone Verdoppelung dar, sie spiegelt sich durch ihre Schreibweise, „double avec un trait d'union" (Kristóf 1986: 48) in dem doppelten Vornamen des Großvaters, der gleichzeitig die Namen seiner Enkel repräsentiert nochmals wider.

Zusätzlich ruft die Großmutter ihre Enkel nie einzeln, sie behandelt beide wie eine Person und ruft und betitelt sie in Einem. Diese Verdoppelung greift Kristóf wenige Zeilen später im selben Kapitel nochmals sprachlich, syntaktisch und bildlich auf und lässt sie in der Figur der Großmutter somit wie ein Echo wieder und wiederhallen: „Grand-Mère ne se lave jamais. […] Grand-Mère ne se déshabille jamais. […] Elle enlève une jupe, il y a une autre jupe dessous. Elle enlève son corsage, il y a un autre corsage dessous" (Kristóf 1986: 14).

3.4 Höflichkeitsform und Plural als synchrone Verdoppelung und die Rolle der Erwachsenen in Bezug auf die Kinder

Die Erwachsenen werden von den Kindern immer in der Höflichkeitsform im Plural angeredet, um einen deutlichen Unterschied zwischen der Welt der Kinder und den Gleichaltrigen und der Welt der Erwachsenen zu betonen. Da die Jungen immer zu zweit auftreten, werden auch sie von den anderen im Plural angesprochen, welches im Französischen von der Form her nicht zu unterscheiden ist, da die Höflichkeitsform und die des allgemeinen Plurals Homonyme sind. Auch dieses verdeutlicht Kristóf, indem sie die Formen verdoppelt, gegenübersetzt und gegeneinander ausspielt: „Nous disons: - Vous savez, pleurer ne sert à rien. Nous ne pleurons jamais. Pourtant nous ne sommes pas encore des hommes comme vous. Il sourit et dit: - Vous avez raison. Excusez-moi, je ne le ferai plus" (Kristóf 1986: 45).

Sie reiht mit Anaphern beginnenden Aussagen aneinander und kreiert dabei verwirrende amüsante Wortspielereien: „- Vous n'avez pas fait votre travail ce matin. - Vous auriez dû nous réveiller, Grand-Mère. - Vous n'aviez qu'à vous réveiller tout seuls" (Kristóf 1986: 47). Damit verdeutlicht Kristóf, dass die Kinder noch keine entwickelten Persönlichkeiten darstellen, und erst zum erwachsenen Individuum werden, wenn sie durch Zusammenführen oder Spalten ihrer körperlichen Verdoppelung ihre eigene Identität formen können. Da den Zwillingen der Abnabelungsprozess zu den Eltern wegen der Kriegsumstände verwehrt bleibt, suchen sie in den Personen, mit denen sie in Kontakt sind einen Ersatz und können sich erst durch das Ansehen und Miterleben des Todes ihrer Eltern, trennen und ihren eigenen Weg zur Identität finden und gehen. Bevor das passiert, ist eine Trennung nicht möglich, dieses wird in dem Kapitel „L'école" (Kristóf 1986: 28-29) aufgezeigt:

> „Notre Mère dit: - Ils ne supporteront pas d'être séparés. [...] Ils ne le supporteront pas. – Il le faudra bien. C'est nécessaire pour eux. Tout le monde le dit. Les instituteurs, les psychologues. [...] Notre Mère dit : - Non jamais. Je le sais. Je les connais. Ils ne font qu'une seule et même personne. Notre père élève la voix: - Justement, ce n'est pas normal. Ils pensent ensemble, ils agissent ensemble. Ils vivent dans un monde à eux. Tout cela n'est pas très sain. C'est même inquiétant. Oui, ils m'inquiètent. Ils sont bizarres. On ne sait jamais ce qu'ils peuvent penser. [...] [T]out peut s'arranger si on les sépare. Chaque individu doit avoir sa propre vie. Quelques jours plus tard, nous commençons l'école. Chacun dans une classe différente. Nous nous asseyons au premier rang. Nous sommes séparés l'un de l'autre [...]. C'est comme si on nous avait enlevé la moitié de notre corps. Nous n'avons plus d'équilibre, nous sommes pris de vertige, nous tombons, nous perdons connaissance. Nous nous réveillons dans l'ambulance qui nous conduit à l'hôpital. [...] À la maison, notre père nous dit seulement : - Simulateurs ! Bientôt, il part au front. Il est journaliste, correspondant de guerre. Nous allons à l'école pendant deux ans et demi. Les instituteurs partent aussi au front : Ils sont remplacés par des institutrices" (Kristóf 1986: 28-29).

Die Kinder stehen an diesem Zeitpunkt noch weit vor ihrer Pubertät in einer Art ödipaler Phase, in der sie sich zur Mutter hingezogen fühlen und ihren Vater als Konkurrenten ansehen. Doch scheint diese Beziehung umgekehrt, der Vater sieht in ihnen eine Konkurrenz und die Mutter fühlt sich ihnen hingezogen. Eltern werden zu Kindern und Kinder müssen die Verantwortung und Rolle der Eltern übernehmen, daher ist eine Verdoppelung der Protagonisten nicht nur notwendig, sondern auch die synchrone Gegenüberstellung, das heißt die Verdoppelung der Kinder zum Elternpaar zwingend. Zudem führt der Krieg dazu, dass die Geschlechter in der Gesellschaft aufgehoben werden, an Stelle der Männer, die in den Krieg ziehen müssen, treten die Frauen, was zusätzlich dazu führt, dass den Kindern die Identifizierung mit dem gleichen Geschlecht auf gesunde Weise verwehrt bleibt, woraus die für die Protagonisten tragischen und traumatischen Ereignissen resultieren.

Während der Zeit, die sie bei der Großmutter ohne Mutter und Vater verbringen, versuchen sie den Vater als Vorbild zu sehen und um sich mit ihm trotz seiner Abwesenheit zu identifizieren, schreiben sie das große Heft, eine Art Kriegstagebuch, genau wie ihr Vater, der auch Kriegsberichterstatter ist. Dennoch bleibt es ihnen verwehrt ihre ödipale Phase zu überwinden, denn als Elternersatz treten Erwachsene in ihr Leben, die durch Perversion und Pädophilie die sexuelle Entwicklung der Kinder stören und sie daran hindern sich auf eine gesunde Art als Individuen abzugrenzen. An die Stelle des Vaters tritt der deutsche Offizier, der im Haus der Großmutter wohnt, und den Platz der Mutter nimmt die junge Magd des Pfarrers ein.

3.5 Die bildliche Verdoppelung und die Synchronie der Bilder

Allein die junge Magd des Pfarrers wagt es die Zwillinge einzeln in der zweiten Person Singular anzusprechen: „- Viens ici, toi. Nous ne bougeons pas. - Ou bien toi. Nous ne bougeons pas" (Kristóf 1986: 74), doch die Kinder sind überfordert und reagieren nicht. Durch die direkte individuelle Ansprache spaltet Kristóf das Handeln der Kinder und synchronisiert es sogleich wieder durch die genaue wörtliche Verdoppelung der Reaktion der Zwillinge. Nachdem die Magd bei der Großmutter Nahrung für den Pfarrer geordert hat, kommt diese aus dem Keller zurück „avec deux sacs" (Kristóf 1986: 75) und die Magd schlägt den Kindern vor: „[v]ous porterez chacun un sac, et moi je porterai vos valises" (Kristóf 1986: 76).

Dieses Bild erweckt im Leser die Erinnerung an den Anfang des Romans, das erste Kapitel der Ankunft der Mutter und ihrer Kinder bei der Großmutter.

> „Nous arrivons de la Grande Ville. Nous avons voyagé toute la nuit. Notre Mère a les yeux rouges. Elle porte un grand carton et nous deux chacun une petite valise avec ses vêtements, plus le grand dictionnaire de notre Père que nous passons quand nous avons les bras fatigués. […] notre mère au milieu, entre nous deux." (Kristóf 1986: 9)

Die Mutter, die einen großen Karton trägt, und vor Übermüdung rote Augen hat, befindet sich am Anfang in der Mitte zwischen ihren Söhnen, die jeder wiederum einen Koffer tragen, und aus einer anderen Stadt kommend, treffen sie in *Grande Ville* ein.

Dieses Bild wird dann gedoppelt, gespiegelt und umgedreht, nun ist es die Magd, die auf jeder Seite einen der beiden Koffer trägt und die Jungen tragen jeweils einen Sack. Alsbald verlassen die drei das Haus der Großmutter und dieses Mal laufen die Zwillinge hinter der Magd. Dadurch erhält der Leser einen genaueren Ausschnitt eines Bildes beschrieben aus der synchronen Sicht der Zwillinge, was die Erinnerung an das Bild der Ankunft der Mutter und ihrer Kinder noch verstärkt. Dieser beschriebene Bildausschnitt bezieht sich auf den hinteren, unteren Teil der Ansicht, auf das Laufen der Magd, im Gegensatz zum Bildausschnitt der Darstellung der Mutter, welcher sich auf ihr Gesicht konzentriert:

> „Nous partons avec la servante. Nous marchons derrière elle jusqu'à la cure. Nous voyons ses deux tresses blondes danser sur son châle noir, ses tresses épaisses et longues. Elles lui arrivent à la taille. Ses hanches dansent sous la jupe rouge. On peut voir un bout de ses jambes entre la jupe et les bottes. Les bas sont noirs et, sur celui de droite, une maille a filé." (Kristóf 1986: 76)

Diesmal ist es die Magd, die anstelle der roten Augen der Mutter, einen roten Rock trägt und auch wenn sie eigentlich an jeder Seite einen Koffer tragen müsste, so beschränkt sich der Blick der Zwillinge erst auf die beiden Zöpfe und wandert dann weiter nach unten, um die Füße und Beine zu fokussieren. Das bildliche Gegenüberstellen der Mutter und der Magd wird durch die ähnliche Ausdruckweisen noch verdeutlicht, doch die umgekehrten Verdoppelungen und die Tatsache, dass sie einen Makel in Form einer Laufmasche hat, lassen erkennen, dass es sich bei der Magd nur um eine billige Kopie handelt, ein nicht adäquater Mutterersatz.

Im anschließenden Kapitel wäscht sie die Kinder und ihre Kleidung, natürlich benötigt sie dafür „deux grands chaudrons" (Kristóf 1986: 77) und als sie Badewasser eingelassen hat, um mit den Kindern darin zusammen zu baden, stellt sie selbst fest: „Je pourrais presque être votre mère" (Kristóf 1986: 77). Sie übernimmt die Aufgaben, die die Mutter früher für ihre Kinder erledigt hat: „notre mère nous lavait souvent. Sous la douche ou dans la baignoire. Elle nous mettait des habits propres, elle nous coupait les ongles. Pour couper nos cheveux, elle nous accompagnait chez le coiffeur" (Kristóf 1986: 20). Auch sie wäscht die Kleidung und die Kinder und schneidet ihnen die Nägel und die Haare, doch geht sie zu weit und vergreift sich auch an ihnen.

Das restliche Kapitel ist überfüllt von mit Anaphern beginnenden Wort- und Satzverdoppelungen und Imperativformen. („Oh ! ces jolis petits pieds […] ! Oh ! ces oreilles adorables […] Oh ! comme j'aimerais avoir deux petits garçons […] deux petits bébé si beaux, Oh ! comme c'est bon, comme c'est bon") (Kristóf 1986: 78-79) und endet wie es beginnt mit einer bildlichen Verdoppelung. Die Zwillinge bieten der Magd an: „- Nous vous apporterons du bois en échange de votre travail. Et des poissons et des champignons quand il y en aura" (Kristóf 1986: 79). Auch dieses Bild erweckt im Leser eine Erinnerung an den Moment, als die Zwillinge im Wald einen toten Soldaten fanden und diesem die Waffen stahlen und sie dann verstecken: „son fusil, ses cartouches, ses grenades: le fusil caché dans un fagot [de bois], les cartouches et les grenades dans nos paniers, sous les champignons" (Kristóf 1986: 43). Diese bildliche Verdoppelung ist der erste und einzige Vorbote auf den späteren Racheanschlag der Zwillinge und ein konkreter Hinweis auf ihre Tat, die sie zu den Schuldigen macht.

3.6 Verdoppelung und Synchronie als notwendige Reaktion auf Einsamkeit und Kindheitserinnerung

Die beiden Jungen treten nach außen hin gemeinsam auf, ein Schutz- und Abwehrmechanismus als Reaktion auf die um sie herrschende Gewalt und die Grausamkeiten des Krieges. Gemeinsam sind sie stark genug, um gegen ihre Außenwelt, die von Krieg, Tod und Armut beherrscht ist, anzukommen. Einen deutlichen Hinweis darauf gibt der alte Mann, der die vermeintliche Kusine bei der Großmutter abliefert: „Notre cousine dit: - Je suis plus grande que vous. Nous répondons: - Mais nous sommes deux. Le vieux monsieur dit: - Vous avez raison. À deux, on est beaucoup plus fort" (Kristóf 1986: 119-120). Die Jungen fühlen sich nur zu zweit als Einheit und treten deshalb überwiegend gleichzeitig und zusammengefasst unter dem Pronomen „nous" auf. Valérie Petitpierre betrachtet das Verwenden des Pronomens „nous" in Kristófs Roman unter sprachwissenschaftlichem Aspekt und bezieht sich daher auf den Linguisten Benveniste:

> „Mais le "nous omniprésent dans Le Grand Cahier correspond-il à la définition habituelle du pronom ? Selon la célèbre formule de Benveniste, le "nous" n'implique pas qu'il y a "une multiplication d'objets identiques, mais une jonction entre le 'je' et le 'non-je' [...]". Le linguiste ajoute même qu' "il n'y a de 'nous' qu'à partir de 'je', et ce 'je' s'assujettit l'élément 'non-je' de par sa qualité transcendante". Cette définition implique que le pronom renvoie nécessairement au couple nodal {"je" + "3e personne ou 2e personne"}. Or, le roman semble figurer un "nous" différent, un "nous" qui représenterait exclusivement le couple {"je" + "je"}. Preuve on est que les frères ne discutent jamais entre eux et qu'ils ne se concertent pas. Leurs voix sont indissolublement liées: elles ne peuvent être mises face à face. Il arrive cependant parfois que le "nous" englobe les jumeaux et un (ou plusieurs) tiers. Mais ces apparitions sont rares: le "nous" comme double première personne domine largement. (Petitpierre 2000: 95-96)

Diese verdoppelte erste Person denkt, handelt, spricht, erfährt und erlebt gemeinsam und synchron. Einzeln stehen sie sich nur in ihren Übungen zur Abhärtung, wenn sie lernen und schreiben oder bei ihren Aufführungen gegenüber. Dann splittet sich „nous" auf und wird zu: „L'un de nous [...] et l'autre" (Kristóf 1986: 94). Bei den Übungen und beim Schreiben ins große Heft im Kapitel „Nos études" tritt der eine, dann der andere in Erscheinung und dem Leser wird klar, dass er nicht weiß, wer von beiden wer ist und welcher, was geschrieben hat.

Man kann die Brüder nicht unterscheiden, da sie sich so sehr ähneln und es wird auch nie erwähnt, welcher der beiden älter oder der Erstgeborene ist. Sie gleichen sich so sehr und sind sich identisch, dass es selbst schwer fällt sie als zwei Persönlichkeiten wahrzunehmen und so stellt man fest: „Deux vous êtes ou moi trop boire ? [...] Il nous apporte deux couvertures militaires grises. [...] Moi, poum, poum, je tue" (Kristóf 1986: 24). Daher liegt es nahe, dass es sich nur um ein Individuum handelt, die Zwillinge werden zusammengefasst unter dem Personalpronomen „nous".

> „Les deux jumeaux sont interchangeables. Le monde ne fait pas de différence entre eux, ils ne sont pourvus d'une identité que l'un dans son rapport à l'autre. C'est ainsi que l'identité devient un facteur inadéquat. Or, ceci correspond dans le registre narratif au fait que les jumeaux écrivent pour eux-mêmes et non pas pour autrui, tout en créant, par l'écriture, un univers clos. Le Grand Cahier est fait pour un usage personnel que leurs auteurs jumeaux ne montrent à personne. Le sujet apostrophé par les notes de journal est à la fois leur propre moi et le moi de l'autre. Ils décrivent le monde qu'ils constituent à la fois par l'acte d'écriture. Cependant, lorsqu'ils deviennent poètes dans le récit, ils tentent de reconstituer le monde de leur enfance : l'état où une personnalité habite dans deux corps." (Horvàth 2012: 300)

Die Verdopplung zeigt sich nicht nur in den Personen, sondern auch in den Handlungen, welche nicht nur beim Schreiben der Zwillinge, sondern auch bei den Abhärtungsübungen doppelt und gleichzeitig ausgeführt werden. Sie erklären diese der Großmutter, die einzelne Details nachfragt und damit die Verdopplung offensichtlich macht.

> „Nous commençons par nous donner l'un à l'autre des gifles, puis des coups de poing. [...] - Qui vous a fait ça ? - Nous-mêmes, Grand-Mère. - Vous vous êtes battus ? Pourquoi ? [...] Nous nous frappons l'un l'autre." (Kristóf 1986: 22)

Weil sie beide ihre Übungen synchron ausführen, weiß man nicht wer „l'un" und wer „l'autre" ist und die Verdopplung verschwimmt zur Synchronie. Doch eine Einheit wird nicht erreicht und die anfänglichen als Spiel gehaltenen Kämpfe und Übungen der Brüder bekommen im Verlaufe der Handlung, auch durch die Reaktionen der Großmutter, eine ausgrenzende, verhärtende und verletzende Wirkung.

> „Au bout d'un certain temps, nous ne sentons effectivement plus rien. C'est quelqu'un d'autre qui a mal, c'est quelqu'un d'autre qui se brûle, qui se coupe, qui souffre. Nous ne pleurons plus. [...] Quand elle nous frappe, nous lui disons : - Encore, Grand-Mère ! Regardez, nous tendons l'autre joue, comme c'est écrit dans la Bible. Frappez aussi l'autre joue, Grand-Mère. Elle répond: - Que le diable vous emporte avec votre Bible et avec vos joues !" (Kristóf 1986: 23)

Der Prozess der Verdopplung und der Synchronität bei der musikalischen Aufführung der Zwillinge ist im wechselnden Musizieren und Singen und im Rollentausch zu erkennen, doch enden die zu Beginn harmonisch und Verbindung aufzubauenden musischen Aktivitäten abrupt mit Gewalt und Unmenschlichkeit. Und wieder spielen die Reaktionen der Außenwelt eine eskalierende und zerstörerische Rolle.

> „L'un de nous commence à jouer de l'harmonica et l'autre à chanter une chanson [...]. Nous chantons, nous jouons de plus en plus fort, nous entendons notre mélodie résonner, se répercuter sur la voûte de la cave, comme si c'était quelqu'un d'autre qui jouait et qui chantait. [...] Nous échangeons nos rôles. Celui qui avait l'harmonica le passe à l'autre et nous commençons une nouvelle chanson. [...] [I]l nous crie au visage : - Silence, chiens ! Il nous pousse brutalement l'un à droite, l'autre à gauche ; nous perdons l'équilibre ; l'harmonica tombe." (Kristóf 1986: 94-95)

Ein drittes Beispiel für Synchronität und sogar mehrfache Verdopplung ist in einer Schlüsselszene beim Schuster zu erkennen. Die Jungen haben Geld und wollen solide Gummistiefel kaufen, weil sie kalte Füße haben. Der Schuster möchte ihnen welche verkaufen, sagt aber, dass „les doublées, les chaudes" (Kristóf 1986: 62) sehr teuer sind und das Geld nur für „une seule paire" (Kristóf 1986: 62) ausreicht.

Er meint, dass sich die Zwillinge doch ein Paar Schuhe teilen können, was diese verneinen, da sie nur gemeinsam ausgehen (vgl. hierzu: „Mais une paire peut vous suffire. Vous avez la même pointure. Chacun de vous sortira à son tour. – Cela n'est pas possible. Nous ne sortons jamais l'un sans l'autre. Nous allons partout ensemble") (Kristóf 1986: 62). Das Verdoppelte ist eins. Die Zwillinge kaufen zwei doppeltgefütterte Paare Gummistiefel, die Verdopplung ergibt das Ganze, Wärme und Schutz.

Der Schuster schenkt den Jungen mehrere Paar Stiefel und Schuhe, als ihm klar wird, wo sie herkommen, wer ihre Großmutter ist (vgl. hierzu: „La Sorcière, c'est votre grand-mère ? Pauvres petits ! Et vous êtes venus de chez elle jusqu'ici avec ces souliers-là !" (Kristóf 1986: 63). Die großzügige Geste eines Freundes wird dennoch verdunkelt von einer Vorahnung des Schusters, der später durch Verrat der Magd verfolgt und ermordet werden wird: „J'en ai plus besoin. Je vais bientôt partir. […] On va m'emmener et on me tuera" (Kristóf 1986: 63).

Krieg, Verfolgung und Vertreibung werfen ihre düsteren Schatten auf alle Versuche Freundschaft, Gemeinschaft und Identität aufzubauen. Synchronie entsteht, wenn die Verdoppelung, eine Gegenüberstellung, zu einem verschmilzt, gleichzeitig wird. Der Text läuft synchron mit Kristófs Drang zu schreiben, zurechtkommen mit der Fremdsprache, der Veränderung, der fremden Kultur und gleichzeitig mit den Erinnerungen an die Kindheit und dem Verlust der Heimat und dem Gefühl allein zu sein.

4 János Szászs Verfilmung des Romans *Le Grand Cahier*

Genau wie im Roman wird in der Verfilmung von *Le Grand Cahier* eine Geschichte des Krieges aus der Perspektive der zwei Kinder erzählt, die erwachsen werden und in dieser schwierigen Zeit zu leben und zu überleben lernen. Auch wenn der Krieg in diesem Film nicht im Vordergrund steht und direkt gezeigt wird, so spürt man ihn unterschwellig doch zu jedem Zeitpunkt. Der Krieg zerstört die Menschen und tötet sie. Man hört ihn, man sieht Soldaten, spürt die Kriegsstimmung und erkennt die Veränderungen, die er mit sich bringt am Verhalten der Menschen.

Der Film möchte so nah wie möglich an der Geschichte des Romans bleiben und versucht auch Ágota Kristófs Schreibstil und Sprache in seinen Dialogen, Bildern, Ton und Licht und in seiner Filmsprache widerzuspiegeln. Genau wie der Roman so trägt auch der Film denselben Titel, doch wurde er nicht in Ágota Kristófs „Feindessprache" (Kristóf 2004: 35) dem Französischen, in der sie ihren Roman schrieb, gefilmt, sondern in ihrer Muttersprache, dem Ungarischen. Der Titel des Films lautet im Original *A nagy füzet*; er wurde im Jahr 2011 unter der Regie von János Szász gedreht und zwei Jahre später in Deutschland veröffentlicht.

Genau wie seine Vorlage, der Roman, bekam der Film viel Anklang und gute Kritiken und wurde für die Oscar-Verleihung 2014 von Ungarn als bester fremdsprachiger (in diesem Fall nicht-englisch-sprachiger) Film nominiert (vgl. hierzu: Holdsworth 2013).

Die filmische Romanadaption findet 30 Jahre nach Erscheinen seiner literarischen Vorlage zurück zu einem Land, das die Autorin von *Le Grand Cahier* 55 Jahre zuvor verließ und in welchem ihre Kindheitserinnerungen als verschwommener Traum verwurzelt liegen, wie sie selbst in ihrer autobiographischen Erzählung preisgibt:

> „Merkwürdig ist, wie wenig ich von all dem in Erinnerung behalten habe. Es ist, als hätte sich alles in einem Traum abgespielt, oder in einem anderen Leben. Als weigerte sich mein Gedächtnis, sich an diesen Moment zu erinnern, in dem ich einen großen Teil meines Lebens verloren habe. Ich habe mein in Geheimschrift geschriebenes Tagebuch und auch meine ersten Gedichte in Ungarn zurückgelassen. Ich habe meine Brüder, meine Eltern zurückgelassen, ohne ihnen Bescheid zu sagen, ohne ihnen Lebewohl oder auf Wiedersehen zu sagen. Vor allem aber habe ich an jenem Tag, an jenem Tag Ende November 1956, endgültig meine Zugehörigkeit zu einem Volk verloren." (Kristóf 48-49)

Nachdem die Filmrechte zu ihren Lebzeiten vorerst anderweitig vergeben waren, wie der Regisseur selbst in einem Interview angibt (vgl. hierzu: Interview Szász), findet die entwurzelte Identität der Schriftstellerin im Aufschreiben ihrer Erinnerungen und durch deren Verfilmung durch den Regisseur und Landsmann János Szász nach ihrem Tod zurück zu ihren Wurzeln. Auch in ihrem wahren Leben kehrte die Schriftstellerin, die im Jahre 2011 in der Schweiz verstarb, zurück zu ihrem Ursprung, denn „ihre Asche – wie sie es in [ihrem] Testament festlegte – wird auf dem Kőszeger Friedhof aufbewahrt" (Kőszeg Város Hivatalos Honlapja), in einer kleinen Grenzstadt im Westen Ungarns, dem Ort, in dem sie mit ihrer Mutter und ihren zwei Brüdern aufwuchs und der gleichzeitig auch den Handlungsort ihres Romans darstellt.

Dem Regisseur liegt es am Herzen, Kristófs minimalistischen Stil, die Zerrissenheit und Spaltung ihrer Identität sowie ihre eigenen traumatischen Erinnerungen an eine Kindheit während des Krieges möglichst genau filmisch umzusetzen. Er sucht seine Schauspieler für die Protagonistenrollen in Ungarn und „wollte, dass die Geschichte in Ungarn verortet ist, dass sie im Zweiten Weltkrieg spielt [und glaubt,] Agota war sehr glücklich damit, dass ihre Geschichte so an ihren ursprünglichen Ort zurückkehren würde, an den Ort ihrer Erinnerungen" (Interview Szász).

4.1 Minimalismus im Film

Genau wie der literarische Minimalismus, so ist auch „das Kino des Minimalismus kein Genre. Es bildet auch keinen einheitlichen Stil. Es ist eine besondere Ausdrucksweise, ein besonderes Gestaltungsprinzip, das sich in ganz unterschiedlichen Stilen äußern kann. […] Und es ist in den unterschiedlichsten Genres zu finden" (Grob 2009:

12). Diese minimalistische Ausdrucksweise und das Gestaltungsprinzip im Film gilt es in den folgenden Kapiteln heraus zu arbeiten und darzulegen. Das Genre des Films kann als Adaption des Romans in seiner Erzählform als Drama bezeichnet werden, die Thematik der Handlung und die räumlichen und historischen Bezüge führen zu einer Eingrenzung als Kriegsfilm und die minimalistisch gehaltene Grundstimmung des Films sowie die Filmsprache, die diese ausdrückt, können dem Kino des Minimalismus zugeordnet werden.

Der Regisseur János Szász hatte den Wunsch Ágota Kristófs Roman zu verfilmen von dem Moment an, als er ihn gelesen hatte. Als ihm schließlich die Möglichkeit dazu gegeben wird, trifft er sich mit seinem Team und „Ágota Kristóf in ihrer Wohnung in Neuchâtel" (Interview Szász). Er bewundert seine Landsfrau und ihren Roman und fühlt sich geehrt durch eine ungarische Verfilmung ein Stück Exilliteratur seiner Nation zurückzugeben. Über den Entstehungsverlauf des Films hält er die Autorin Kristóf zu ihren Lebzeiten auf dem Laufenden, indem er „regelmäßig über den aktuellen Stand informiert, die Produktionsvorbereitungen, die Suche nach den Kindern ..." (Interview Szász). Szász legt großen Wert darauf, möglichst nah am Roman und seiner Geschichte zu bleiben. Diese Umsetzung ist ihm gelungen, was anhand der folgenden Kapitel aufgezeigt werden wird. Obwohl er sich möglichst genau an seine Vorlage hält, gibt es natürlich Unterschiede und einige Szenen des Buches müssen ausgelassen werden, da sie in Bildern zu hart wirken und für den Regisseur „nicht verfilmbar" (Interview Szász) sind. Darunter fallen zum Beispiel die sexuellen Szenen, in denen die Kinder sexuelle Perversionen miterleben und die für das Kino zu extrem sind. Diese Aussparungen sind passend und das Weglassen bestimmter sexueller Szenen ist zwingend, da sie „im Film an die Grenze zur Pädophilie geraten" (Interview Szász) würden. Zusätzlich geben Aussparung und Reduktion den Minimalismus wieder und so wird der Fokus auf das Wesentliche gelenkt.

Das Setting und die Szenerie der Orte, an denen die Handlung gezeigt wird, ist bewusst minimalistisch gehalten und wirkt durch seine Farblosigkeit und Kargheit, emotionslos und triste. Der Putz an den Häusern ist großflächig abgeblättert, die Umgebung ist einfach gehalten, schmutzig, verdreckt und heruntergekommen. Um den Garten, der das Haus der Großmutter umgibt, steht ein teilweise zerfallener rostiger Maschendrahtzaun, der an mit Moos bedeckten Zementpfählen befestigt ist. Auch im Haus befindet sich Schmutz und Dreck an den Wänden, auf dem Boden, auf dem Tisch und auch hier blättert Farbe von den Wänden und dem Mobiliar ab. Die Hühner der Großmutter rennen im Haus zwischen Dreck, Blättern und Kehricht herum. Die minimalistische Gestaltung der Kulisse verstärkt die Wirkung der Handlung.

4.1.1 Minimalistische Filmsprache hinsichtlich Verdoppelung und Synchronie

Ein weiterer Unterschied zum Buch ist die explizite zeitliche Verortung des Geschehens, denn es werden Zahlen genannt: „Es herrscht Krieg. Wir haben den 14. August 1944" (0:04:43). Im Roman wird nicht erwähnt, um welchen Krieg es sich handelt. Es wird auch nicht erwähnt, in welchem Land die Geschichte spielt, was eigentlich auch ein typischer Zug des Minimalismus ist. Aber Szász ist es wichtig, die Geschichte zurück in seine und Kristófs Heimat zu holen und deshalb bringt er die Filmgeschichte mit einer direkten Zeitangabe in Zusammenhang.

Er möchte „keinen verkünstelten Film [...] machen. Der Film sollte eine Gegenwart haben, er sollte sozusagen jetzt und hier spielen. Das ist der Stil. Sich nicht in Kunstfertigkeiten zu verlieren, sondern sich darauf zu konzentrieren, die Geschichte zu erzählen, nah an der Geschichte zu bleiben, was sehr schwierig ist" (Interview Szász).

Nah an der Geschichte bleiben bedeutet nicht nur inhaltlich die gleiche Geschichte zu erzählen, sondern auch den Stil des Minimalismus mit filmischen Mitteln zu übertragen. Deshalb spiegelt der Film auch die minimalistische Form, Sprache und Bilder wider und erweckt so die kurzen prägnanten Sätze und die von Gewalt beherrschten Erlebnisse der Brüderjungen und ihren Mitmenschen zum Leben. Die Jungen, die Schauspieler, die die Protagonisten spielen, sind selbst Zwillinge und ähneln sich sehr. Sie spielen sich auf eine Art selbst, da sie „aus einem kleinen Dorf in einer sehr armen Region Ungarns [stammen]. Sie leben in schwierigen Verhältnissen, harte körperliche Arbeit gehört zu ihrer täglichen Erfahrung" (Interview Szász). Sie sind die hervorragende Besetzung für die Rolle, da sie am besten nachvollziehen können, was es bedeutet in Armut im Osten Europas zu leben und aufzuwachsen, daher scheinen sie eine Verdoppelung ihrer Romanfiguren in Fleisch und Blut darzustellen.

Ein weiterer Unterschied zum Roman ist die Tatsache, dass die fremden Soldaten auch in ihrer Fremdsprache sprechen. Der Roman bleibt monolingual im Französischen und lässt die Jungen die verschiedenen Sprachen erlernen, damit sie selbst als Übersetzer dienen können. Es wird auch nicht erwähnt, welche Sprache die fremden Soldaten sprechen. Vom Leser, der den geschichtlichen Verlauf kennt, wird erwartet, dass er diese Folgerungen selber erfasst und Kristóf verleiht ihrem Roman dadurch Allgemeingültigkeit. Im Film wiederum sprechen die Deutschen deutsch, es wird zwischen den verschieden Sprachen hin- und hergewechselt und wenn der deutsche SS-Offizier in seiner schwarzen detailgetreuen Uniform mit den Jungen spricht, dann übersetzt jemand für die Jungen auf Ungarisch und andersherum. Dieses kann auch wiederum so zu deuten sein, dass Szász Wert darauflegt, seinen Film zurück nach Ungarn zu holen und damit auch zurück in die ungarische Sprache. Gleichzeitig liegt es aber auch nahe, diese Sprachen aufzuzeigen, da er selbst nicht das Französische in harter Arbeit Schritt für Schritt erlernen musste, wie es der Fall für Kristóf war. Der Film wurde zuerst in Ungarisch veröffentlicht und arbeitet mit Untertiteln, wenn in einer anderen Sprache gesprochen wird. Für diese Arbeit liegt die DVD in ungarischem Originalton mit deutschen oder englischen Untertiteln vor und die deutsche Sprache taucht als Sprache der Feinde auf. Die DVD wurde für den deutschsprachigen Raum synchronisiert, dabei verschwimmen Originalsprache mit der Feindessprache und die feinen sprachlichen Nuancen und Wortspiele gehen verloren. Sieht man sich den Film im Originalton mit Untertiteln an, so entstehen neue Wortspiele in unterschiedlichen Sprachen, zum Beispiel an einer Stelle des Films, an der der deutsche SS-Offizier, erkennbar durch seine schwarze Uniform und dem Totenkopf, der seine Mütze ziert, zu den Kinder, die auf ihrer Eckbank in der Küche des Hauses der Großmutter schlafen, kommt, sie beobachtet und ihr Gesicht streichelt. Sie wachen auf und er beginnt sie zu beruhigen auf Deutsch mit den Worten: „Ich bin euer Freund" (0:29:08). Daraufhin wiederholt erst der eine Bruder das deutsche Wort: „Freund" (0:29:15), dann der andere, wie ein Echo (00:29:18), das doppelt widerhallt. Damit werden die an Pädophilie und sexuelle Perversion angrenzenden Szenen des Buches vermieden und Szász schafft es auf subtile Art durch ein sprachliches Spiel, eine Andeutung aufzuzeigen in der Beziehung zwischen dem Offizier und den Kindern.

Diese Szene ist im Schuss-Gegenschuss-Prinzip gedreht und wechselt die Perspektive von der Sicht auf den Offizier zu der auf die Kinder. Sie beginnt mit einem Filmeinstellung, die immer wieder gezeigt wird und mit welchem auch der ganze Film beginnt. Man sieht die beiden aneinander geschmiegten Gesichter der Brüder, Wange an Wange von oben gefilmt, nur die Gesichter sind zu sehen, der Rest bleibt im Dunkeln verborgen. Ihre Gesichter sind von der Dunkelheit umrandet, als ob sie selbst Teil einer

Fotocollage des großen Heftes sind. Sie schlafen und man hört sie atmen. Dann hört man jemanden eintreten (0:27:58) und die Kamera wechselt die Perspektive und filmt den Offizier, wie er das Haus betritt. Er läuft durch den Raum zu den Kindern, gefilmt aus der Ecke, in der die Jungen liegen, man sieht seinen ganzen Körper in der Halbtotalen und hört ihn immer näher zu ihnen hinter den Herd kommen. Dann sieht man wieder die Detailaufnahme der zwei Gesichter der Jungen von oben. Erst kommen die Fingerspitzen, dann die ganze Männerhand mit Ring aus dem unteren Bildrand nach oben, sie streicht über die Stirn des einen Jungen. Daraufhin wechselt die Perspektive wieder und man sieht das Gesicht des Offiziers von unten nach oben gefilmt. Worauf alsbald ein Gegenschuss folgt und man wieder die Hand sieht, die nun über die Stirn des anderen Jungen streicht (0:28:49). Als der Offizier weiter über ihre Gesichter streichelt, wachen die Jungen auf und öffnen beide gleichzeitig synchron die Augen (0:29:01). Die Stimme des Offiziers beruhigt sie aus dem Off mit den verdoppelten Geräuschen „Schhh, schhh" (0:29:05) und zieht die Hand langsam weg, dann wieder ein Gegenschuss auf das Gesicht des Offiziers, wobei er seinen Satz auf Deutsch sagt. Direkt danach sieht man wieder die Zwillinge, die in die Kamera blicken und erst wiederholt der eine das letzte deutsche Wort des Offiziers und dann der andere.

Mit der Beschreibung dieser Szene soll verdeutlicht werden, dass die minimalistischen Züge des Films und die filmischen Techniken der Verdoppelung und Synchronie auf mehreren Ebenen und Szenen des Films eng verknüpft dargestellt werden und Hand in Hand funktionieren und wirken. Daher werden die folgenden Kapitel nicht nach dem Aufbau des Romanteils, sondern nach filmischen Mitteln und verwendeten Techniken und ihrer Funktion und Wirkung in Bezug auf Minimalismus, Verdopplung und Synchronie gegliedert.

4.2 Das Zusammenwirken von Minimalismus, Verdoppelung und Synchronie

Der Film beginnt mit einem Vorspann, einer Titelsequenz, die in ausgebleichter, kleingeschriebener Schreibmaschinenschrift auf grobkörnigem Papier die Funktionen und Namen der an der Filmentstehung beteiligten Personen und den Titel des Filmes, geschrieben auf Ungarisch, zeigt. Im Hintergrund hört man ein gleichmäßiges Ein- und

Ausatmen (0:01:35). Dann erfolgt ein erster harter Schnitt vom hellen Papier des Vorspanns zu einer von Dunkelheit überwiegenden Nahaufnahme der Gesichter der beiden Brüder. Um ihre Gesichter herum ist es dunkel, tiefschwarz, nur die Gesichter sind zu erkennen, schlafend mit geschlossenen Augen, Wange an Wange, so dass sie wie siamesische Zwillinge wirken. Sie schlafen und nun wird dem Zuschauer bewusst, dass es ihr Atem ist, den man hört. Die beiden gespiegelt wirkenden, sich bis aufs Haar gleichenden Gesichter fungieren als Verdoppelung und sind unterlegt mit dem gleichmäßigen, synchronen Atmen. Dann leise, fast unmerklich, setzt im Hintergrund minimalistische Musik ein, bestehend aus wenigen langgezogenen Tönen, die beklemmend wirken und eine leichte Spannung ausdrücken und schließlich wird die Titelsequenz fortgesetzt. Im Hintergrund läuft die Musik weiter. Auf diesen Vorspann folgt ein Prolog. Der Film starten nicht medias in res, wie das Buch, das direkt mit der Ankunft bei der Großmutter, also im neuen Zuhause beginnt, sondern zeigt zu Anfang die schöne heile Welt der kleinen Familie, wie sie früher war und setzt die Rückblende des Buches im Kapitel „L'école" (Kristóf 1986: 28-29) in ihre chronologische Reihenfolge. So wird der Unterschied zwischen dem Leben der Zwillinge in der *Grande Ville* zu dem Leben, das ihnen bei der Großmutter in der *Petite Ville* bevorsteht, noch drastischer hervorgehoben, als auch ihre Entwicklung und Abhärtung durch ihre bitteren Erfahrungen von Verlust, Einsamkeit und Gewalt verdeutlicht. Ebenso erscheinen die anfänglich noch sauberen weißen Hemden der Jungen weitaus heller im Dreck und Schmutz, der im Haus und Hof der Großmutter herrscht.

Verdoppelung und Synchronie werden schon im Vorspann und dann zu Beginn des Films mit minimalistischen Mitteln sowohl im Aufbau, in der Kulisse und in der Filmsprache als auch durch filmische Techniken in Szene gesetzt. Die Geschichte des Films beginnt mit einer Kameraeinstellung des Vaters, gespielt von Ulrich Matthes. Man sieht einen Soldaten, wie er von hinten im dunklen Treppenhaus eines großen Stadthauses die Treppen hinaufsteigt. Die Mutter, gespielt von Gyöngyvér Bognár, öffnet die Tür und helles Tageslicht scheint hinter ihr hervor ins dunkle Treppenhaus. Gleich darauf hört und sieht man die Zwillinge, die angerannt kommen und ihren Vater rufen, alle umarmen sich und die Türe wird geschlossen. Im Anschluss bekommen die Brüder jeweils einen warmen Schal vom Vater geschenkt. Die Brüder und der Vater tragen weiße Oberhemden, und sitzen zu dritt auf dem Sofa. Der Vater schneidet ihnen liebevoll die Fingernägel, dabei fällt auf, dass nur gezeigt wird, wie er die rechte Hand des einen Jungen schneidet und anschließend die linke des anderen. Danach gibt es Essen, welches der Vater auffüllt. Man sieht die Familie zu viert am Tisch sitzen, wobei sich Mutter und Vater sowie die Zwillinge jeweils gegenüber sitzen. Die Kamera fährt einmal im Halbkreis um die Familie herum. Die Wohnung, in der die Familie wohnt, ist groß, hell, sauber und geschmackvoll eingerichtet. Die großen Fenster lassen viel Licht herein scheinen, man sieht Zimmerpflanzen und Spiegel, alles und alle sind sehr hell und sauber anzusehen. Durch die Kamerarundfahrt und die helle Ausleuchtung der Kulisse wird die Geborgenheit und Zusammengehörigkeit der intakten Familie verdeutlicht. Eine idyllische Familie speist gemeinsam, sie essen gesittet mit Tischmanieren von weißem Porzellangeschirr. Es gibt reichlich zu essen und die Eltern trinken Wein aus Kristallgläsern. Auf dem Tisch, der mit einer weißen Decke bedeckt ist, stehen mehrere weiße Schüsseln und Terrinen. Das Familienglück scheint perfekt und alles ist in Ordnung, doch die Musik, die im Hintergrund einsetzt und beklemmend und düster wirkt, deutet an, dass der Schein bald trügt.

Diese Szene der gemeinsamen Mahlzeit im Familienkreis zuhause am Esstisch taucht in abgewandelter Form immer wieder auf und gibt so die Unterschiede zwischen den beiden Leben der Kinder in der alten und neuen Heimat wieder. Außerdem verstärken die verschiedenen filmischen Techniken, die Kameraeinstellung, die Mise-en-Scène, der Schnitt und vor allem das Licht die Kontraste noch deutlicher.

So ist die erste Mahlzeit der Jungen bei der Großmutter im neuen Zuhause in einer Schuss-Gegenschuss-Einstellung gefilmt. Im Gegensatz zu der Kamerarundfahrt steht das Schuss-Gegenschuss-Prinzip. Wohingegen das Erste Zusammengehörigkeit, Beisammensein und Harmonie bewirkt und die Beteiligten verbindet, zeigt das Zweite Einsamkeit und Verlassensein, stellt die Gezeigten gegenüber und grenzt sie gegeneinander ab. Auf diese Weise wird die Beziehung der verschiedenen Akteure zu einander unterstrichen. Die Brüder sitzen der Großmutter gegenüber und die Kamera wechselt zwischen der Sicht der Brüder zu der Sicht der Großmutter. Der emotionale Abstand zwischen der Großmutter und ihren Enkeln wird dadurch hervorgehoben. Nun wird der Gegensatz zwischen ihrem Essen in der Familienrunde und dem bei der Großmutter durch die Kamerasicht, die Sitzordnung und das was auf den Teller und auf den Tisch kommt, deutlich. Bevor die Großmutter sich hinsetzt, sieht man die Kinder von vorne gefilmt am Tisch sitzen, die Großmutter steht hinter ihnen, schlägt beiden gleichzeitig auf den Hinterkopf und befiehlt den Kindern mit dem Essen zu beginnen.

Daraufhin beginnen die Kinder mit gesengten Augen und hängenden Köpfen die Suppe mit dem Löffel zu schlürfen. Anstelle der Kamerarundfahrt sieht man die Großmutter, wie sie um den Tisch läuft und sich auf die andere Seite des Tisches gegenüber den beiden Jungen setzt. Die Kamera bleibt in der Großaufnahme auf die Kinder gerichtet und als die Großmutter sich hinsetzt, ist ihr Hinterkopf vor der Linse zusehen, die Kinder heben beide ihre Köpfe und schauen der Großmutter ins Gesicht. Sie hören auf zu essen und legen die Löffel nieder, dann schwenkt die Kamera um auf die synchrone Sicht der beiden Kinder. Die Großmutter beginnt zu essen. Eine Hand der Jungen greift von der rechten Seite des Bildes aus nach der Schöpfkelle im Topf um sich noch etwas aufzufüllen, worauf die Großmutter sofort reagiert und mit ihrer rechten Hand den Deckel auf den Topf knallt, dabei schaut sie in die Richtung aus der die Hand kam. Kurz danach versucht eine Jungenhand von der linken Seite aus den Deckel zu heben und die Großmutter hebt ihre linke Hand und hält den Deckel auf dem Topf, dabei schaut sie in die linke Richtung. Ein beängstigender und erschreckender kurzer Trommelschlag betont die harte Hand der Großmutter und löst im Zuschauer einen leichten Schauder aus. Der Raum ist nur spärlich ausgeleuchtet und wirkt dunkel und schmutzig, das Licht scheint lediglich durch ein kleines Fenster zu kommen. Die Kinder und Großmutter schlürfen ihre karge Mahlzeit ohne Manieren in sich hinein.

In meisterlicher Weise gelingt es im Film mit einer alltäglichen Szene durch Gegensätzlichkeit und Kontraste in der Verdopplung und gleichzeitige Synchronität von Personen und Handlung sowohl die Entwicklung der Geschichte analog zur Romanvorlage trotz minimalistischer Filmsprache bildlich umfassend darzustellen als auch die Wirkung auf die Zuschauer zu verstärken.

Die nun folgende Beschreibung dieser Essensszene ereignet sich etwas später im Film. Mittlerweile haben die Kinder sich immer mehr an ihre neue Umgebung angepasst und die neuen Umstände, haben sie seelisch abstumpfen und äußerlich verwahrlosen lassen. Im Hintergrund hört man immer häufiger die näher kommenden Kriegsgeräusche von Explosionen und Gewehrsalven. Die zunehmende Verrohung durch die Lieblosigkeit im Haus der Großmutter und die Abstumpfung durch die Erfahrungen von Erniedrigung, Gewalt und Krieg werden mehrfach anhand von Essensszenen aufgegriffen, wie nun in der nachfolgenden Filmepisode aufgezeigt wird.

Nachdem die Kinder im Wald den erfrorenen Leichnam des verhungerten Deserteurs[9] finden, beschließen sie sich im Fasten zu üben. Es kommt wieder zu einer Essensszene, man sieht die Zwillinge von vorne neben einander am Tisch sitzen in einer nahen Einstellung. Inzwischen sehen sie müde, abgemagert, schmutzig und erschöpft aus. Dann kommt der Gegenschuss und man sieht die Großmutter in der Mitte zwischen den zwei Hinterköpfen der Jungen in halbnaher Einstellung (0:34:05). Wieder ist es die Großmutter, die ihnen auffüllt und dabei sagt: „Es gibt Pilzsuppe" (0:34:11). Die Perspektive wechselt und man sieht die Zwillinge, die ihre Teller wegschieben, erst der eine, dann der andere und verkünden, dass sie ab jetzt für vier Tage nichts essen werden und vorhaben nur Wasser zu trinken. Der eine beginnt den Satz und der andere beendet ihn (0:34:29). Im Gegenschuss deckt die Großmutter den Topf ab und stellt ihn zurück auf den Herd. Während die Kinder Holz hacken, fängt die Großmutter sich ein Huhn. Mittlerweile hört man im Hintergrund in der Ferne vereinzeltes Krachen, der Krieg rückt immer näher.

In einer anderen Einstellung sieht man wieder die Großmutter im dunklen Haus am Tisch sitzend in der Mitte zwischen den beiden Hinterköpfen der Jungen, vor ihr auf dem Tisch steht das knusprig aus dem Ofen entnommene Huhn (0:35:20). Sie bietet, das Hähnchen ihren Enkelkindern an und hält es ihnen unter die Nasen. Im Gegenschuss schauen die völlig ausgemergelten Zwillinge begierig auf das Hähnchen und lehnen ab zu essen. Sie ziehen es vor nur ihr Glas Wasser zu trinken. Sie beobachten die Großmutter mit großen Augen und in der nächsten Einstellung sieht man nun, wie die Großmutter das Huhn zu sich zieht und es im Ganzen beginnt genüsslich aufzuessen, dabei zoomt die Kamera näher an sie heran und filmt sie in Großaufnahme, wie sie das Huhn in sich hineinstopft. In der nächsten Szene sieht man, wie die Jungen den Schweinen in ihren Trögen Futter geben. Die beiden Jungen sehen den Schweinen

---

9 Der tote Soldat, dem die Kinder im Roman die Waffen stehlen und der Deserteur, mit dem sie sich im Wald unterhalten und dem sie Essen bringen, sind im Film ein und dieselbe Person. Was im Roman als Verdoppelung gedacht war, tritt im Film als Synchronität auf. Im Film sieht man den Deserteur in der Nacht sterben. Die Kinder kommen am nächsten Tag zu spät mit Decken und Nahrung, finden nur noch seinen Leichnam und stehlen ihm anschließend seine Waffen. Diese Szene ist gespickt von Jump-Cuts, die Unterbrechungen der Continuity wirken sprunghaft und zeitraffend. Sie geben die abrupte Veränderung der Kinder wieder, die anfangs durch schüchternes Schubsen und kurzdarauf durch gewaltvolles Umstoßen, den erfrorenen Soldaten von seinem Munitionskoffer bewegen und ihm seine Waffe aus der Totenstarre entreißen. Der Krieg konfrontiert sie mit Gewalt und Tod und lässt sie abhärten.

44

beim Fressen zu und der Zuschauer sieht in den Augen der Jungen denselben Blick, mit dem sie kurz zuvor noch der Großmutter beim Essen zugesehen hatten.

Wiederum in einer späteren Sequenz sieht man den Vater am Tisch mit seinen beiden Söhnen, er sitzt auf dem Platz der Großmutter und schlingt gierig Suppe mit einem Löffel in sich hinein. Ihm gegenüber sitzen seine Söhne, sie bewegen sich kaum. Als er sich zum wiederholten Mal auffüllt, ergreift einer der Jungen eine seiner Hände und einer befiehlt: „Zeigen Sie her!" (01:32:17), „Was?" fragt der Vater und obwohl von nun an die Zwillinge reden und nach den Fingernägeln des Vaters, die im Zuge von Verfolgung ausgerissen wurden, fragen, wird im Film auf einen Schnitt und die Gegenschusseinstellung auf die im Dialog sprechenden Personen verzichtet, um den drastischen Unterschied zwischen der Szene des familiären Beisammenseins und dem zerstörten Familienglück und um die Entwicklung und Veränderungen der Zwillinge und ihres Vaters deutlich hervorzuheben. Erst als die Zwillinge dem Vater mitteilen, dass die Grenze vermint ist und er nicht fliehen kann, gibt es wieder einen Gegenschuss und man sieht einen von beiden Zwillingen von vorne beim Sprechen. Dann zeigt die Kamera wieder den Gegenschuss des Vaters, der sagt: „Ich sterbe lieber, als hierzubleiben." (01:32:46) und der eine Zwilling fragt: „Warum bleiben Sie nicht hier bei uns?" (01:32:57), während der andere wie ein nachklingendes Echo wiederholt: „Warum?" (01:33:00). Der Vater hat darauf keine Antwort, er überlegt und löffelt dann weiter seine Suppe mit gesenktem Kopf. Auf die Folgen von Verlust und Entrechtung gibt es nur Fragen und keine Antworten. Der Vater und seine Söhne sind zwar zusammen, doch Zerstörung und Gewalt haben ihre Spuren hinterlassen.

4.3 Effekte des Lichts und der Beleuchtung

Das Licht spiegelt Kontraste wider entweder hell, mit weißen Farben oder dunkel, mit wenig Licht und setzt auf natürliche Quellen, das heißt Tageslicht, Feuer oder Petroleumlampen. Wenn die Kinder im Haus der Großmutter sind, dann ist es selbst tagsüber dunkel, da das Licht lediglich aus einem kleinen Fenster von draußen herein zukommen scheint. Die Gesichter der Zwillinge bleiben erkennbar, können aber nicht unterschieden werden. Durch diese spezielle Ausleuchtung ihrer Gesichter wird ihre äußerliche Ähnlichkeit noch mehr verstärkt und der Effekt einer visuellen Doppelung erzielt, was ihre beiden Charaktere zusätzlich verbindet und ihre verdoppelte Erscheinung als synchrone Einheit wirken lässt.

Christian Berger entwickelte ein „spezielles System, das „CINE REFLECT LIGHTENING SYSTEM" (Interview Berger), ein reduziertes System, das auf das Verwenden vieler störender Beleuchtungsgeräte verzichtet und „die gewünschten Wirkungen durch spezielle Reflektoren" (Berger 2013) erzielt. Dieses System ermöglicht durch „ein flexibles, leichtes und äußerst sparsames Beleuchtungssystem, […] eine neue Freiheit am Set und [unterstützt so] die Arbeitsmethoden [...] für die Kamera [...] die Regie und Schauspieler" (Berger 2013). Das Licht kann präzise eingesetzt werden und so exakt bestimmte Stellen beleuchten und auch durch weiche oder harte Lichteinstellung warme oder kalte Stimmungen erzeugen. In *Das große Heft* nutzt Berger das CRLS um realistisch zu wirken und die Handlung in Bezug zur Gegenwart zu stellen. Tagsüber, wenn die Kinder sich außerhalb des Hauses aufhalten und besonders im Winter, wirkt das Licht heller und härter und gibt den minimalistischen Stil, die Einsamkeit, Verlassenheit, Armut und Kälte anhand der hellen Farben der Schneedecke, die die karge Landschaft bedeckt, wieder.

Eine weitere minimalistische Lichttechnik wird durch den Einsatz der Petroleumlampe, eine der ersten häuslichen Lichtquellen überhaupt, immer wieder eingesetzt. Im Prolog des Filmes, als die Familie gemeinsam isst, ist alles hell ausgeleuchtet und die weißen Farben wirken sauber, rein und frisch. Im Haus der Großmutter ist es dunkel, dreckig und schmutzig, womit der Kontrast zwischen zwei Räumen und Welten aufgezeigt und verdeutlicht wird. Im Laufe des Films stumpfen die Kinder ab und verwahrlosen immer mehr und damit wird auch das Licht dunkler. Der Einsatz des Lichtes verstärkt die kontrastive Verdopplung.

Kontraste entstehen ebenfalls zwischen der Dunkelheit, die nachts mit Hilfe einer Petroleumlampe erhellt wird und der Lampe selbst sowie dadurch, dass diese getragen wird und durch das Wackeln der Lichtquelle Bewegung ins Bild kommt. Die Kinder wollen nachts ein Huhn schlachten. Einer der Brüder dreht sich im Kreis mit ausgestreckten Armen, in der rechten Hand hat er die Petroleumlampe, in der Linken hält er das Huhn an den Krallen fest. Der andere Bruder steht an der Hauswand. Die einzige Lichtquelle ist die Petroleumlampe, die der sich drehende Junge in der Hand hat. Durch seine Drehbewegung erhellt sich die Umgebung wie bei einer Rundumleuchte. Der Bruder, der an der Hauswand steht, beugt sich wie ein betender Gläubiger ständig nach vorne und zurück. Sein Oberkörper wirft einen Schatten auf die Hauswand immer dann, wenn das Licht vorbeihuscht. Diese Situation gleicht einem okkulten Ritual und beinhaltet gleichzeitig die Vorahnung auf Tod und Zerstörung.

Die Synchronität entsteht bei der Verwendung der Lampe, wenn sich die Zwillinge in den Nächten hinten im Zimmer mit ihrem großen Heft beschäftigen. Dann steht die Lampe und das Licht ist fixiert, statisch und wirkt intim, lässt die Kinder in eine andere Welt abtauchen und eins miteinander und mit dem Heft werden. Die Petroleumlampe gibt nur einen reduzierten Ausschnitt wieder, weil der Rest in der Dunkelheit verborgen bleibt.

Minimalistisch formuliert Berger auf seiner Webseite die beabsichtigte Wirkung der eingesetzten Lichttechnik im Film und verweist dabei auch auf Verdoppelung und Synchronie durch den Einsatz von Licht und Sprache: „Les mots pour éclairer, la lumière pour écrire" (Berger 2013).

4.4 Die verschiedenen Kameraeinstellungen

Der Film wurde extra in einem Format gedreht, das es ermöglicht die beiden Brüder gemeinsam und synchron zeigen zu können, so der Kameramann: „was wir schon vorab wegen der Kinder entschieden haben, war das Cinemascope-Format, weil wir die Zwillinge immer beide gleichzeitig im Bild haben wollten" (Interview Berger).

Bereits am Anfang des Films, als die Kinder mit der Mutter bei der Großmutter eintreffen, wird durch das Format, in dem gedreht wurde, die Einstellung und die Perspektive der Kamera Verdoppelung ausgedrückt, man sieht die Zwillinge und sie sind nicht zu unterscheiden, als sie um das Haus rennen. Danach wechselt die Kamera die Perspektive und man sieht aus der Sicht der Zwillinge, was hinter den Fenstern vorgeht und bekommt so genau den ersten Eindruck von der Großmutter, den auch die Zwillinge haben. Als die Kameraeinstellung wieder wechselt und die Zwillinge in ihrem Seitenprofil zeigt, wie sie durchs Fenster schauen, verdeckt der näher zur Kamera stehende Junge seinen Bruder und man sieht für eine Weile nur einen der beiden und denkt er wäre allein. Die Verdoppelung wird zur visuellen Synchronität.

Die Kameraführung verwendet immer wieder die extreme Totale, eine weite langanhaltende Panoramaeinstellung, die die karge Landschaft und Umgebung aufnimmt und den Blick in die Ferne verlaufen lässt. Damit wird Kristófs Erinnerung an die verlorene Heimat und Kindheit angedeutet und gleichzeitig auf minimalistische Weise die Einsamkeit und Isolation dargestellt, da die gezeigte Umgebung weit und menschenlos ist. Wenn doch Menschen im Bild auftauchen, wie in einer Szene der Postbote, der sein Fahrrad durch die verschneite Landschaft in einer Panoramaeinstellung einmal durchs Bild schiebt, dann wirkt er klein und distanziert.

Der Film ist aus der Sicht der Kinder gedreht, die sich zunehmend einer feindlichen und Gewalt ausübenden Umgebung konfrontiert sehen, was bedeutet, dass viele Einstellungen in Schuss-Gegenschuss-Prinzip aufgenommen werden, um das Gegenüber, das Fremde auf Distanz zu halten ohne Emotion und Verbindung. Im Gegensatz dazu tritt die Kreisrundfahrt der Kamera immer wieder ein, um Synchronie und Zusammengehörigkeit zu verdeutlichen und um Verbindung zwischen den Personen herzustellen, so zum Beispiel im Prolog, als die Familie gemeinsam isst.

Die Perspektive erfolgt häufig direkt aus der synchronen Sicht der beiden Jungen. Man sieht, was sie mit ihren Augen sehen. Es ist nicht erkennbar, dass es Zwillinge sind, da man selbst als Zuschauer nur mit einem Paar Augen sieht, was geschieht. Wenn die Zwillinge ihre Großmutter vom Dachboden aus beobachten, filmt die Kamera die Sicht aus ihrer Perspektive und filmt vom Dachboden durch eine Spalte in den Dachbodendielen, was die Großmutter in ihrem Zimmer macht. Das führt dazu, dass sich der Zuschauer in die Zwillinge hineinversetzt und durch ihre Augen die Dinge beobachtet, ohne dass etwas dazu gesagt wird. Der Blick schweift oft umher, mit instabilen Bewegungen kreist die Kamera und erfasst, was die Zwillinge erblicken. In Schuss-Gegenschuss-Aufnahmen zeigt dann die Kamera die Brüder in halbnaher oder naher Einstellung, meist frontal oder in der Totalen bzw. der Halbtotalen hintereinander im Seitenprofil, so dass das Bild wie ein Spiegel oder Faltbild wirkt. Die Kamera nimmt Verdoppelungen auf und verstärkt diese durch die Perspektive. Als der eine Zwilling vor rennt und ihm der andere folgt in derselben Bewegung, sieht man die Brüder in Synchronie, kaum merklich versetzt. Durch diese Technik, durch den Wechsel der Kameraführung zwischen Schuss-Gegenschuss-Aufnahmen, Nahaufnahme und Totale und die leicht versetzte Perspektive werden immer wieder Verdopplung und Synchronie aus der Romanvorlage aufgegriffen und visuell verstärkt.

Als einer der Brüder beginnt einen Brief der Mutter laut vorzulesen und der andere nach den ersten Worten einstimmt, sieht man ihn leicht versetzt dicht hinter seinem Bruder stehend in naher Einstellung. Der Bruder, der den Brief entdeckt und mit dem Lesen begonnen hat, steht etwas weiter vorne im Bild und ist schärfer als sein seitlich hinter ihm stehender Bruder. Die Brüder sind eins. Dem Bruder, der im Fokus ist steigen beim Vorlesen die Tränen in die Augen und er beginnt kaum merklich zu weinen, als anhand des Briefinhaltes wahr wird, dass die Großmutter die von der Mutter geschickte Kleidung unterschlagen und gehortet hat, obwohl die Jungen nichts zum Anziehen haben und frieren. Als er sie darauf anspricht, wechselt die Kamera im Gegenschuss auf die Großmutter und zeigt Ablehnung und Konfrontation.

Der Regisseur beschreibt die Arbeit des Kameramannes wie folgt, er verbindet damit die verschiedenen Techniken des Films und die literarischen Minimalismen Kristófs Romans mit den filmischen Minimalismen der Kameraeinstellung: „Kameramann Christian Berger setzt auf eine gewisse Distanz. Es gibt sehr wenige Nahaufnahmen in diesem Film. Und doch schafft er es in seinen Totalen, wie die Alten Meister, dass sich in der Tiefe des Bildes etwas zutiefst Menschliches abspielt. Es geht um, wie Ágota Kristóf sagte, sehr einfache Menschen, in denen trotz allem ganz tief innen eine Form von Liebe ist. Vielleicht war das die größte Herausforderung bei diesem Film. Es ging darum, dass man bei aller Kälte und Schroffheit doch spüren musste, dass es um Menschen geht" (Interview Szász).

4.6 Auditive Effekte im Film

Das Kino des Minimalismus kennt auch in seiner Filmmusik keine überladenen Ausschweifungen und prunkvolle Kompositionen und ist in seinem Ton stark eingegrenzt und reduziert. „Auf *der auditiven Ebene* herrschen entweder lakonische Dialoge vor Oneliner und stumme Interaktionen oder aber durchgängige Gespräche; die Atmo wird bestimmt von sparsamen akustischen Modellierungen; statt sinfonischer Scores setzen einzelne Instrumente musikalische Akzente, oder Musik fehlt ganz, wie auch der gesamte Film tonlos oder nur off-screen bespielt ablaufen kann" (Grob 2009: 21), dies trifft auch größten Teils auf *Das große Heft* zu.

Da die Dialoge meist eins zu eins übernommen wurden, scheint der Film auch in diesem Effekt synchron mit seiner Literaturvorgabe. Während der langen Totalen herrscht Stille oder man sieht die Kinder und hört eine ihrer Stimmen Sätze des großen Heftes aus dem Off vorlesen. Musikalische Elemente und Geräusche werden minimalistisch dann eingesetzt, wenn sie Handlung und Wirkung unterstreichen sollen. Dabei werden kurze Trommelwirbel und einzelne langgezogene und dumpfe Töne, Kriegsgeräusche, das Läuten von Kirchenglocken sowie Naturgeräusche und menschliche und tierische

Laute verwendet. Oft kontrastiert die Stille die kurzen Toneinspielungen oder die Geräusche und Töne wiederholen sich gleichförmig und monoton. Indem Ton und Bild zwar synchron verlaufen, aber leicht versetzt einsetzen, wird eine Verdoppelung der Handlung bzw. der Aufnahmen auf visuell-auditive Weise im Film erzeugt. Gleich zu Beginn ist schon ein regelmäßiges Atmen zu hören bevor die Gesichter der Protagonisten, der Zwillinge zu sehen sind.

Im Laufe des Films kommt der Krieg näher, was direkt und bildlich nicht zu erkennen ist, sondern nur auditiv ausgedrückt wird, denn man hört die Kriegsgeräusche näher kommen, lauter werden und häufiger zunehmen, intensiver und stärker werden. Es gibt Fliegerbombenalarm, welcher indirekt gezeigt wird, denn man sieht in der Totalen schräg von oben herab gefilmt die Dächer der Häuserreihen einer Straße und Menschen, die eilig unter Panik und mit Geschrei von der Straße in die Schutzkeller flüchten. Gleichzeitig hört man Flugzeuglärm und sieht die Schatten der Flugzeuge über den Straßenboden und die Hausdächer fliegen (0:26:16). Auch hier treten Verdoppelung und Synchronität auf. Der Ton bzw. die Hintergrundgeräusche spiegeln den Fliegerangriff und verstärken die Filmaufnahmen in der Straße, beides verläuft synchron.

Verdoppelung und Synchronität in Bezug zur Romanvorlage werden mit auditiven Mitteln bei der Umsetzung der Übungen von Blind- und Taubheit umgesetzt. Der den Tauben spielende Junge hebt sich mit beiden Händen die Ohren zu und sobald er diese auf den Ohren aufliegen hat, wird der Ton gedämpft und man hört das Geschrei und die Sirenen nur aus der Ferne. Er erklärt dem anderen, der den Blinden spielt, was er sieht und der berichtet, was er hören kann. Von oben sieht man den tauben Jungen, den blinden über der Schulter tragen (0:25:56). Sie bleiben mitten auf der nun leeren Straße stehen und eine Kreisfahrt der Kamera um die Zwillinge setzt ein. Der Blinde beschreibt, was der Zuschauer hört.

Bei den Landschaftsaufnahmen unterstützen die unterschwelligen Naturgeräusche im Hintergrund wie das Rauschen der Blätter im Wind, das Krächzen der Krähen und das Geräusch des Windes einen Bezug zur Romanvorlage und den Erinnerungen der Autorin. Dazu kommentiert dann meist synchron eine der Jungenstimmen aus dem Off, wodurch auch ein Bezug zum großen Heft sowie zum Roman hergestellt wird.

Das wiederkehrende Läuten der Kirchenglocken kann als christliches Zeichen der Nächstenliebe gedeutet werden. Die Glocken erklingen im Hintergrund, wenn die Kinder bei der Magd oder beim Pfarrer sind, aber auch, wenn sie von der Mutter reden und an ihre Zuneigung denken. So werden Verbindungen zwischen Personen hergestellt und der Bezug zur Romanvorlage gefestigt.

5 Fazit

Der Titel dieser Arbeit zeigt schon eine mehrfache Verdoppelung bei gleichzeitiger Synchronität, wenn im Vergleich Minimalismus, Verdoppelung und Synchronität in *Le Grand Cahier* in der Literatur wie in der Verfilmung aufgezeigt und gedeutet und im Kontext eingeordnet werden sollen. Der Film kann als eine Verdopplung der Romanvorlage aufgefasst werden, durch welche die Aussagen des Buches gespiegelt und verstärkt werden. Durch die Feststellung der Gemeinsamkeiten zwischen Film und Roman werden einzelne Unterschiede deutlich, welche dazu beitragen, durch den Film die Intention der Schriftstellerin aufzugreifen, um die Identitätssuche des Romans abzuschließen.

Gemeinsam bei Beiden, Literatur und ihre Verfilmung, ist der durchgängige minimalistische Stil. Während Kristófs Minimalismus vorrangig auf das Schreiben in der Fremdsprache zurückzuführen ist, basiert der minimalistische Stil des Films auf der Thematik Krieg und Gewalt, was in einem Spielfilm nur indirekt und angedeutet dargestellt werden kann. Beide gemeinsam transportieren die Themen Einsamkeit, Verlust und Gewalterfahrung, die durch ihre literarischen und filmischen Techniken minimalistisch ausgedrückt werden.

Aus dieser Grundstimmung der Einsamkeit und Isolation entsteht Verdoppelung bei Ágota Kristóf durch die Erinnerung an Kindheit und Heimat. Der Verlust der Heimat bedeutet auch ein Verlust der Zugehörigkeit und Identität und das Leben in zwei Welten, der Vergangenheit in der Erinnerung und der Gegenwart in der Realität, so wie die verschiedenen sprachlichen, kulturellen und sozialen Welten. Daraus resultiert ihr Streben nach dem Ganzen, dem Gemeinsamen, dem Vereinten. Ihr Drang zu schreiben unterstützt ihre Isolation und Einsamkeit und hält sie gefangen in ihren Büchern, aber vereint sie auch gleichzeitig durch die Veröffentlichung dieser mit der Außenwelt.

János Szász hat denselben Drang sich auszudrücken und ihm ist es vorrangig wichtig die Literatur der weltweit bewunderten Exilungarin zurück nach Ungarn in seine und ihre Heimat zu bringen. Er bewundert sie und ihren Roman und scheint sie huldigen zu wollen, indem er großen Wert darauf legt ihren minimalistischen Stil und Ausdruck, ihren Verlust von Heimat und Identität und die Einsamkeit, Gewalt und Armut, die sie dadurch zum Ausdruck bringt, wiederzugeben. Mit seiner Verfilmung weist er einen Bezug zur alten Heimat Kristófs auf, da er selbst Ungar ist, und ermöglicht ihr so durch die Verfilmung ihres Romans und dem Wiedergeben ihres Ausdrucks und Stil auf seine Art, in seinem Medium und ihrer beider gemeinsamer Muttersprache eine Rückführung auf die Heimat und somit auch eine Zusammenführung der Identität.

Szász wählt Christian Berger als Kameramann, welcher das einfache spontane Schauspiel der beiden ungarischen Brüder, die die Protagonisten des Romans im Film verkörpern, durch seine CRLS Lichttechnik mit Minimalismus zum Ausdruck bringt. Auch hier zeigt sich eine Verdopplung und durch das Drehen im Cinematoscope-Format ist diese synchron eingefangen. Sie spiegelt sich außerdem in der synchronen Perspektive aus Sicht der Kinder wider und die Entscheidung, den Film digital zu drehen, lassen Ort, Handlung und Schauspieler im realistischem Licht erscheinen, was den minimalistischen Ausdruck hervorhebt, da die Bilder direkt und real wirken und so ein Bezug zu Realität und Gegenwart herstellen, gleichzeitig aber auch eine Emotionslosigkeit widerspiegeln und die Armut, Kargheit und Abgestumpftheit visuell gestalten. Die Stilmittel und Techniken werden immer synchron eingesetzt und der Film im Gegensatz zur Literatur findet seinen Minimalismus im Zusammenspiel von visueller und auditiver Ebene und erzielt so seine Wirkung.

Die minimalistisch gehaltene Musik, die meist nur aus einzelnen Tönen besteht und die größtenteils herrschende Stille, die die einzelnen Geräusche betont, wie das Atmen oder Bewegen der Schauspieler, untermalt auf minimalistische Art das Visuelle und legt den Fokus auf bestimmte einzelne Parteien, verbindet diese durch auditive Synchronie, das gleichzeitige Atmen der Kinder, oder grenzt sie gegeneinander ab durch das verdoppelte Erklingen bestimmter Töne, wie das Läuten der Glocken bei Mutter und Magd.

Das Filmteam wurde international ausgesucht und zusammengestellt und führt zum Gebrauch verschiedener Sprachen. Szász im Gegensatz zu Kristóf hat die strikt monolingual gehaltene literarische Vorlage auch in seinem Film multilingual umgesetzt. Er setzt die Handlung in einen historischen Kontext, um Bezug auf eine bestimmte Kultur zu nehmen, Feindessprache und Muttersprache aufzuzeigen und abzugrenzen und spiegelt so Kristófs autobiographische Erzählung wider und damit auch ihr Leben.

6 Literaturverzeichnis

Primärliteratur und Film:

Kristóf, Agota (1986): *Le Grand Cahier*. Paris: Éditions du Seuil.

Kristóf, Agota (2014): *L'analphabète: récit autobiographique*. Genf: Éditions Zoé.

Kristóf, Agota (2005): *Die Analphabetin. Autobiographische Erzählung*. Zürich: Ammann Verlag.

Szász, János (Regisseur): *Das große Heft.* (Ungarn 2011).

Sekundärliteratur:

Becker, Anja (2009): *Poetik der Wechselrede: Dialogszenen in der mittelhochdeutschen Epik um 1200*, Frankfurt/Main: Peter Lang.

Erdmannn, Eva (2002): „Violence et étrangeté: la langue littéraire d'Ágota Kristóf", in Dion, Robert (eds.): *Écrire en langue étrangère. Interférences de langues et de cultures dans le monde francophone*, Québec: Editions Nota Bene/ Frankfurt/Main: IKO-Verlag.

Grimm, Jacob (eds.) (1857): *Kinder- und Hausmärchen: gesammelt durch die Brüder Grimm*, Bände 1-2, Ausgabe 3, Göttingen: Dieterich.

Grob, Norbert/ Kiefer, Bernd/ Mauer, Roman/ Rauscher, Josef (eds.) (2009): *Kino des Minimalismus*. Mainz: Ventil Verlag KG.

Hobbes, Thomas (1949): *Grundzüge der Philosophie. Erster Teil: Lehre vom Körper.* Leipzig.

Kruse, Erich (2005): *Playtime und Design,* in: Glasmeier, Michael (eds.): Playtime - Film interdisziplinär. Ein Film und acht Perspektiven, Münster: LIT Verlag.

Lautenbach, Ernst (2006): *Lexikon Bibel-Zitate: Auslese für das 21. Jahrhundert,* München: Iudicium.

Miletic, Tijana (2008): *European Literary Immigration into the French Language. Readings of Gary, Kristóf, Kundera and Semprun.* Amsterdam/New York: Rodopi.

Petitpierre, Valérie (2001): *Ágota Kristóf. D'un exil l'autre.* Carouge: Éditions Zoé.

Tartsch, Thomas (2009): *Thomas Hobbes und der Krieg in den Städten Betrachtungen zum Zeitgeschehen,* Datteln: Gehenna-Buchverlag.

Wuketits, Franz M. (2012): *Darwin und der Darwinismus,* München: C.H.Beck.

Zimmer, David (2007): *Ungarinnen im Schweizer Exil. Drei Annäherungen,* in: Arcadia -- International Journal for Literary Studies, Vol. 42 Issue 2, S. 385-396.

Elektronische Quellen:

Barth, John: „A Few Words About Minimalism", in: The New York Times:

http://www.nytimes.com/books/98/06/21/specials/barth-minimalism.html. (Stand: 15.09.2014)

Berger, Christian: „CLRS – Cine Reflect Lightening System", in: http://www.christianberger.at/crls/. (Stand: 15.09.2014)

Buchser, Corinne (2008): „Ich finde das Glück meiner Kindheit im Alter wieder", in: http://www.swissinfo.ch/ger/-ich-finde-das-glueck-meiner-kindheit-im-alter-wieder-/7066296. (Stand: 15.09.2014)

Dudenverlag (2007): *Duden - Das große Fremdwörterbuch*, 4. Aufl. Mannheim. (CD-ROM)

Duden Online/ Bibliographisches Institut GmbH (2013): „Minimalismus", in: http://www.duden.de/rechtschreibung/Minimalismus. (Stand: 15.09.2014)

Holdsworth, Nick: „Oscars: Hungary Nominates 'The Notebook' in Foreign Language Category", in: http://www.hollywoodreporter.com/news/oscars-hungary-nominates-notebook-foreign-601830. (Stand 15.09.2014)

Kőszeg Város Hivatalos Honlapja: „Wandern zu den literarischen Gedenkstätten", in: http://koszeg.hu/de/koszeg/varosnezes/setautak/wandern-zu-den-literarischen-gedenkstten-3.html. (Stand: 15.09.2014)

Piffl Medien GmbH 2012: „Interview János Szász", in: http://www.das-grosse-heft.de/interview-janos-szasz.php. (Stand: 15.09.2014)

Piffl Medien GmbH 2012: „Interview Christian Berger", in: http://www.das-grosse-heft.de/interview-christian-berger.php. (Stand: 15.09.2014)

Verein zur Förderung des schweizerischen Literaturarchivs: „Ágota Kristóf: Vivre. Poèmes inédit Jahresgabe 2007", in: http://www.sla-foerderverein.ch/de/publications/donations/2007. (Stand: 15.09.2014)

Bei Fragen zur Produktsicherheit wenden Sie sich bitte an:
If you have any questions regarding product safety,
please contact:

Walter de Gruyter GmbH
Genthiner Straße 13
10785 Berlin
productsafety@degruyterbrill.com